高职高专会计类专业教材

收银岗位实训

吴　群　主编

中国建材工业出版社

图书在版编目（CIP）数据

收银岗位实训/吴群主编. --北京：中国建材工业出版社，2019.12

高职高专会计类专业教材

ISBN 978-7-5160-2766-0

Ⅰ.①收… Ⅱ.①吴… Ⅲ.①商业服务—高等职业教育—教材 Ⅳ.①F718

中国版本图书馆 CIP 数据核字（2019）第 280598 号

收银岗位实训

Shouyin Gangwei Shixun

吴 群 主编

出版发行：中国建材工业出版社

地　　址：北京市海淀区三里河路 1 号

邮　　编：100044

经　　销：全国各地新华书店

印　　刷：北京鑫正大印刷有限公司

开　　本：787mm×1092mm 1/16

印　　张：10.5

字　　数：220 千字

版　　次：2019 年 12 月第 1 版

印　　次：2019 年 12 月第 1 次

定　　价：42.00 元

本社网址：www.jccbs.com，微信公众号：zgjcgycbs

前　言

近年来，随着我国市场经济的不断完善，现代零售业得到了迅猛发展，社会对收银员的需求急剧增加，收银已成为一个人才需求量庞大的就业岗位群。

“收银实务”是中职院校广泛开设的一门专业课程。收银就是收款，但是，现代零售企业里的收银工作已不同于传统的收款工作，它是随着现代零售业的繁荣发展和现代化收银手段的广泛应用而发展起来的工作岗位。

据统计，收银员中大部分是中等职业学校财经类及相关专业的毕业生，他们除了学习过相关的会计知识外，并没有学习过系统的收银知识，只是经过短期的岗前培训而上岗工作的，所以为了培养高素质的收银人才，我们编写了本书。

本书始终贯彻“以就业为导向，以能力为本位，以学生为中心”的教学指导思想，采用理论与实践相结合的方式，注重学生综合职业能力的培养。

本书编写的初衷就是让学习收银知识变得更加容易、轻松，适合中职院校学生的认知。编者根据中职院校学生的实际综合水平，参考了其他同类教科书的优点，并结合任课教师的经验总结，编写了本书。

本书文字方面考虑了目前中职学生的层次，尽可能地使用通俗易懂的文字阐述了基本知识和操作方法，深入浅出，简明易学，以适应当前中职学生的学习特点。

本书在编写时，加入了贵州本地的情景案例，在教师的带动下，学生更容易了解、分析案例需要解决的问题，从而加深对知识点的掌握。

本书共有八个项目，各项目课时分配见下表（仅供参考）。

序号	课程内容	学时数		
		讲授	实训	合计
1	收银业务概述	6	2	8
2	收银员礼仪规范	5	3	8
3	收银作业程序	5	2	7
4	收银员基本技能	14	8	22
5	收银业务操作	14	4	18
6	收银相关业务处理	6	2	8
7	收银工作管理	4	2	6
8	超市收银实务	2	1	3
合计		56	24	80

本书由吴群主编并主审。项目四、项目六（共 33458 字）由王露露编写，项目二、项目五（共 54489 字）由张艳编写，项目一、项目三、项目七、项目八（共 33066 字）由张婷编写。书后提供实训答案及模拟试题两套教学资源。由于编者水平有限，书中难免存在不足之处，敬请广大教师和读者提出宝贵意见。

编者

2018 年 8 月

目　录

项目一　收银业务概述

学习目标

1. 了解收银业务定位。
2. 掌握收银员职业素质及职业守则。
3. 收银岗位管理及职责。

任务一　收银业务定位及工作要素

一、收银业务定位

当你去商场或超市购物的时候，面对货架上面琳琅满目的商品，总是会有一种购买的欲望。但是，想要获得自己喜欢的商品，就需要到收银台去交款，然后方可取走自己选中的商品，这就是人们通常所说的“一手交钱，一手交货”的商品交易活动。在这个商品交易过程中，有一项很重要的经济业务——收银。可以说，收银业务是商品交易过程中不可缺少的一个环节，没有收银这一环节就无法完成商品交易。因此，收银业务在整个商业活动中起着非常重要的作用。

收银，顾名思义就是收钱，也称作收款，是商场、超市等零售企业设在营业一线收取货币资金的专门业务活动。由于收银一词中的“银”是指货币，而在日常生活中人们往往把货币称作钱款，因此收银、收钱、收款在零售企业的经营活动中都是同一种业务。本书所讲的收银业务，主要是指收银员所从事的相关业务。

1. 收银业务的作用

商品经济的繁荣离不开收银业务，收银业务肩负着收取和保护货币资金的独特使命，在企业的经济活动中发挥着十分重要的作用。

（1）保持企业经营活动正常运转。商场、超市等零售企业经营的商品种类繁多，销售业务量巨大，整个经营活动的正常运转依靠的是快速高效的收银工作。因为没有收银环节就无法完成商品交易，企业也就无法正常开展经营活动。收银业务流畅，企业经营活动就运转通畅，因此收银业务是零售企业经营活动的重要保障。

（2）帮助企业顺利实现经济效益。收银业务担负着企业日常销售资金的收取和管理任务，是企业经营活动的第一道“关卡”。收银工作做好了，企业就能顺利地实现销售收入和经济效益；反之，如果收银工作出现问题，营业资金收取不及时或出现差错，就会直接影响企业的正常经营，最终影响企业经济效益的实现。

（3）保护企业货币资金的安全。货币资金是一个企业物质财富中最积极的要素，是企业经营资金的重要组成部分，是企业经营业绩的重要体现。因此，保护货币资金的安全是预防企业财产损失和保护企业经营成果的重要环节。收银是企业经营活动中重要的业务岗位，不仅担负着企业日常销售资金的收取任务，还担负着保护企业货币资金安全的重要使命。因此，收银工作应加强管理，严防差错，防止丢失和被盗，切实保护好企业货币资金的安全与完整。

（4）维护企业经营的良好形象。收银是一项服务性工作，其工作效率的高低、服务质量的好坏，直接影响着企业在客户心目中的形象。让每一位客户满意是收银工作的服务意识。这就要求每一名收银员树立服务意识，增强服务意识，在日常工作中坚持热情服务、礼貌待客，有效地提高收银工作效率和质量，最大限度地维护企业的良好形象。

2. 收银业务的特点

（1）专业性。收银业务作为商业零售企业的一项专门工作，具有很强的专业技术和工作要求。

（2）责任性。由于收银台每天都会收取大量的货币资金，而这些货币资金既关系着企业的经济利益，又关系到客户的切身利益，因此，需要每一名收银员具有高度的责任心。

（3）时间性。由于现代生活的节奏快，加上商场、超市等零售企业的客流量较大，所以收银工作的时间性很强。

（4）规范性。收银工作是一项规范性的工作。交易过程中的每一个工作环节都必须按照规定的程序办理，从迎宾、扫描、消磁、收款、打单、装袋到欢送客户，都要执行一定的工作标准，只有这样才能保证收银工作的服务质量。

（5）服务性。收银工作是一项服务性工作。俗话说，客户就是“上帝”，因此，每一名收银员都应当树立服务意识，坚持热情服务，礼貌待客，从而有效地提高收银工作的服务质量，树立企业在客户心目中的良好形象。

二、收银工作要素

收银工作要素主要包括收银员、收银岗位、收银场所和收银工作系统。在这四个要素中，收银员是收银工作的主体，承担着具体收银业务的操作。收银岗位和场所是收银员从事收银工作的具体地方，而收银工作系统是完成收银工作的必备工具，是收银工作的支撑。

（一）收银员及其工作内容

（1）收银员是指所有从事与收银工作有关的人员，包括收银员、收银班（组）长、总收款室人员、收银主管以及收银监察主管和收银监察员等。收银员是在收银台从事收取款项的工作人员。

收银员又称“收款员”，是在百货商场、超级市场、购物中心等零售企业向客户收取现金（含现金、支票、各种金融支付工具等）的工作人员。从性质上看，收银员是财务部门的出纳岗位派往营业第一线收取货币资金的派出人员。

提示： 收银员只负责货币资金的收入、保管、核对与上交，不负责货币资金的支付。

（2）收银员的工作内容。

1）收银设备的日常管理与维护。

2）现金、支票等营业资金的收取和上交。

3）资金、发票及印章的管理与保护。

4）零用现金及办公用品的领取与管理。

5）收款凭证和各种表单的装订与上交。

（二）收银岗位与收银场所

1. 收银岗位

收银岗位是指收银员工作所在的收银台。收银台又称收款台，是百货商场、超级市场等零售企业设在营业大厅内，供收银员收取营业资金的工作台。为了资金的安全，这些工作台基本上是半封闭式的工作间。收银台内的配置主要是电子收银机、辅助设备以及收银所需要的办公用品。

2. 收银场所

收银场所是指设立收银岗位、配备专职收银员从事收银工作的营业场所。对于不同的企业，收银场所可能会有所区别，例如，商场一般在收银台，超市一般在出口处，餐厅、饭店、酒店收银一般在总服务台等。目前，为了便于管理，收银场所一般相对固定，而且相对集中。

提示： 本书所讲的收银业务知识主要以百货商场和超级市场这两种零售企业为主。

（1）百货商场：是指经营包括服装、家电、日用品等众多种类商品的大型零售商店。

（2）超级市场：超级市场一般是指实行开架陈列，客户自我服务，货款一次结算的大型商场。超级市场一般选在居民区、交通要道和商业区，以居民为主要销售对象。

（三）收银工作系统

收银工作系统包括 POS 系统和电子收银机。

目前，市场上使用的电子收银机种类较多，大体上分为简单实用的电子收银机和功能较强的 POS 收银机两类。

任务二 收银员职业素质及职业守则

一、收银员职业素质

收银岗位在零售企业众多的工作岗位中属于非常重要的岗位。收银员肩负着营业性货币资金的收取、保管、上缴等重要使命，同时在收银台直接面向客户服务，代表着企业的对外形象，可以说责任重大。因此，收银员必须具备良好的职业素质才能胜任收银工作。

（一）良好的思想政治素质

由于收银员从事的是经济工作，如果不具备良好的思想政治素质，那么在今后的工作中就不能处理好国家、集体和个人利益之间的关系，也就很容易在物质、金钱面前放松警惕，有的甚至会监守自盗，贪污公款，最终走上违法犯罪的道路。从全国经济犯罪案例来看，经济工作者的犯罪率特别高，主要是因为这些人有便利的条件，工作中经常和资金打交道，面临的诱惑特别多。因此，收银员应当保持良好的思想政治素质，始终做到“常在河边走，从来不湿鞋”。

（二）良好的职业道德素质

职业道德素质，是指劳动者在职业活动中通过教育和修养而形成的职业道德方面的状况。收银员每天工作在营业一线，既要分毫不差地收取现金，又要以热情的工作态度为广大客户服务，工作的特殊性决定了他们必须具备良好的职业道德素质。工作中要始终坚持遵纪守法、爱岗敬业、热情服务、礼貌待客的职业守则，只有这样才能不断地提高自己的工作质量和服务水平，以饱满的工作热情和积极的工作态度为广大客户服务好，为企业赢得良好的商业信誉。

（三）扎实的科学文化素质

一名优秀的收银员，要学好科学文化知识，提高自己的科学文化素质，这是做好收银工作的基础，不仅要学习文化基础知识，而且要熟练掌握与收银工作相关的专业理论知识；不仅能更好地为自己所从事的工作服务，而且能增强适应工作环境的能力。近年来，国外零售业巨头不断登陆我国，像美国的沃尔玛、法国的家乐福等企业在我国很多大城市建立了超级市场。很多学生毕业后将到这些超市工作，因此就要学习一些与国际接轨的收银工作所需的新知识、新技术，以尽快适应这些大型超市的工作要求和工作环境。

（四）熟练的专业技能素质

专业技能素质是指人们从事某种职业时在专业能力方面所表现出来的状态和水平，是做好工作的基础。专业技能素质的高低对于一名专业人员来说非常重要，收银员作为从事收银工作的专业人员，能否掌握熟练的专业技能，直接关系到其工作能力、工作水平和工作效率等方面。收银员应当掌握的专业技能主要包括电子收银机的使用技能、条码扫描技能、收取现金技能、伪钞识别技能以及客户服务技能等。熟练掌握这些专业技能，能够增强收银员的工作能力，提高收银员的服务水平，减少客户排队等候的时间，从而有效提高收银工作的效率。

（五）健康的身心素质

健康的身心素质包括健康的体魄和健全的心理。身心素质是一个人从事职业活动的本钱。收银员的工作环境是百货商场和超级市场等零售企业，客流量大，时间性强，工作繁忙，没有良好的身体素质是不行的。俗话说，身体是“革命”的本钱，工作越繁忙就越需要加强身体锻炼，只有练就强健的体魄，才能保持旺盛的精力和良好的精神面貌，可以说，良好的身体素质是做好工作的保障。另外，收银员每天要面对不同的客户，经常会遭到客户抱怨，工作中还经常会遇到一些挫折。因此，没有良好的心理素质也是不行的。一个人良好心理素质的培养，离不开乐观的心态、自信的心理以及热忱的工作态度。只要能做到这三点，每名收银员都可以成为身心健康的优秀职员。

二、收银员职业守则

收银员职业守则即收银员共同遵守的职业规则。不同的零售企业对收银员所制定的职业守则也不尽相同，但根据收银员的职业特点和工作要求，可以将收银员的职业守则概括为16个字：遵纪守法，爱岗敬业，热情服务，礼貌待客。

（1）遵纪守法：就是要求收银员自觉遵守企业的工作纪律、规章制度和国家的相关法律法规。

（2）爱岗敬业：就是要求收银员充分认识本职工作在整个企业中的地位和作用，珍惜自己的工作岗位，热爱本职工作，有热诚的工作情感，做到干一行爱一行，一丝不苟，兢兢业业，尽自己的责任和义务做好本职工作。

（3）热情服务：就是要求收银员自觉增强服务意识，热情地为广大客户服务。收银工作属于现代服务业，收银台是零售企业设在营业一线的服务窗口。收银员服务态度的好坏和服务水平的高低，直接影响企业在客户心目中的形象。

（4）礼貌待客：就是要求收银员在接待客户时讲究礼仪，注意礼貌、自己的仪表装束、言谈举止等。礼貌是一个人自身修养的表现，能够拉近与客户的关系，增进与客户之间的感情，树立企业的良好形象。为客户服务是收银工作的核心，礼貌待客属于收银员服务客户的具体表现，体现了收银员为客户服务的工作态度。

任务三　收银岗位管理及职责

收银岗位一般设在财务部门的下面，隶属于财务部门。

一、收银岗位管理

收银岗位管理工作内容主要有以下几个方面：营业前管理、营业中管理、交接班管理、营业后管理。收银组织结构如图1-1所示。

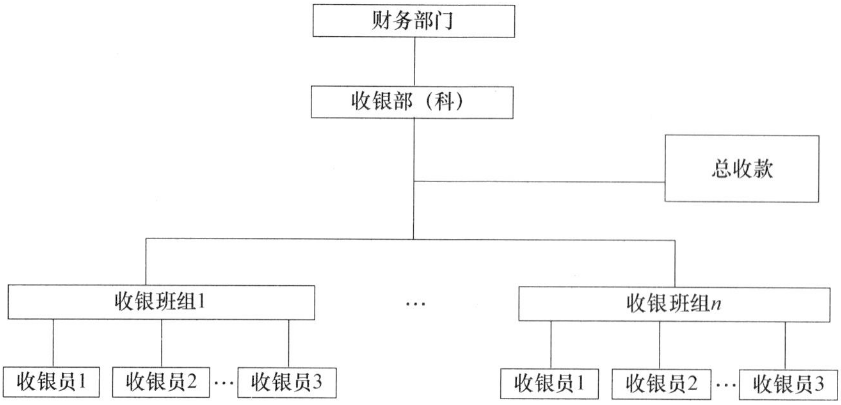

图 1-1　收银组织结构

二、收银领班、主管岗位职责

（一）收银领班岗位职责

收银领班是每个收银班（组）的负责人，直接管理每个营业层面上的收银员。收银领班上对收银主管负责，下对收银员负责。每个营业层面上的收银领班都应当坚守岗位，认真负责，带领本班（组）的收银员做好前台收银工作。

收银领班岗位职责如下：

（1）在收银主管的直接领导下，全面负责分管营业层面的收银工作，带头遵守企业的有关规章制度，并监督收银员贯彻落实，保质保量地做好收银业务，完成主管部门交办的各项工作任务。

（2）认真履行领班的工作职责，积极配合主管部门搞好本营业层面的现场管理工作；及时传达企业的各项规章制度，确保企业的各项规章制度在本班（组）得到贯彻落实；在工作中起模范带头作用。

（3）主持召开本班（组）成员晨会，负责收银员签到、签退，认真做好收银员的病、事假备查记录及一周工作情况的汇总工作，合理安排收银员的就餐时间，做到相邻收银台不同时出现空台现象。

（4）组织本班（组）的收银员开展优质服务，增强服务客户意识，使用文明礼貌用语；认真倾听每名收银员的心声，发现问题及时上报收银主管，积极为本部门工作提供合理化建议。

（5）落实收银主管制订的收银工作计划，对收银员的收款操作进行现场指导，对收银作业中出现的差错进行认真分析，及时总结经验教训，不断提高收银员的岗位操作技能。

（6）根据工作需要合理调配本（组）成员，负责班（组）内收银员的考核及培训工作，带领本班（组）员工认真完成收款任务，保证所收资金准确无误。

（7）负责电子收银机、条码扫描器、消磁器等收银设备的日常维护；负责各收银台所需的办公用品、发票的领取和发放，以及各收银台零币的兑换工作。

（8）监督检查收银员收款作业的操作规程，保证日常收银工作的正常进行。

（二）收银主管岗位职责

收银主管是卖场收银工作的具体领导者，直接归企业分管经理领导。从收银员的管理培训，领班的日常工作，到具体收银工作的方方面面，都在收银主管的指导下开展。因此，收银主管担负着很重要的职责。

收银主管岗位职责如下：

（1）对分管经理负责，在其指导下全面开展收银工作。

（2）切实保证企业的各项规章制度在收银区域内得到贯彻落实。

（3）制订收银工作计划，并具体落实，及时总结。

（4）主持收银区域例会、领班例会。

（5）审阅收银区域工作的各种报告、单据、文稿。

（6）负责对收银员进行管理和培训，并指导收银领班的日常工作。

三、收银监察岗位职责

商场、超市以及购物中心等大型商业零售企业，为保障收银工作正常有序地开展，一般设有法律监察室，并配备相关工作人员。负责收银监察工作的人员有收银监察主管和收银监察员，全面负责监督卖场收银工作及商品退换货工作，对收银员违规操作和收银工作中的各种问题进行及时处理。

（一）收银监察主管岗位职责

（1）对法律监察室主任负责，认真完成主任交给的各项工作任务。

（2）制订详细的工作计划，指导、督促收银监察员的日常工作。

（3）对收银监察工作中出现的问题进行总结分析，发现重大问题及时处理或上报。

（4）对收银监察员处理收银员的失误、违规等情况及时跟踪了解。

（5）对收银员的工作失误、操作违规等情况进行总结分析，并通报有关部门。

（6）定期检查分管收银监察员的例会与工作情况。

（7）协助人事部门对收银监察员进行法律知识、收银监察知识、企业相关规定以及相关业务流程的培训与考核。

（8）为新参加工作的收银监察员指定培养人，并按时为其做出转正鉴定。

（9）加强与企业分店、其他职能部门以及企业驻店人员的沟通，以促进收银监察工作的顺利进行。

（二）收银监察主管岗位管理

（1）检查收银监察员的出勤情况、工作情况以及办公区的环境卫生情况。

（2）指导并监督收银监察员的日常工作，实行奖优罚劣等奖惩措施。

（3）及时处理企业文件通知；处理收银监察员工作中无法解决的问题，并将处理结果及时上报法律监察室。

（4）了解分管收银工作的安排情况，及时调整收银监察工作。

（5）查看收银员“收银工作失误明细表”，及时与收银主管分析收银员失误的原因，找出对策，并针对失误情况及时调整收银监察工作的重点。

（6）查看服务台“退换货异常情况一览表”，发现问题及时与分管经理、财务部门共同分析失误原因，并提出解决方案。

（7）每月与收银科（部）召开一次业务对接会，针对近期收银工作中出现的失误进行分析总结，向收银监察员传达会议内容。

（8）每周参加企业组织的部门例会，并召开收银监察例会，讲评上周工作，布置下周工作。

（9）对收银监察结果进行统计分析，每月制作“收银监察简报”。

◇同步实训◇

实训题

1. 找一家超市或者商场，实地了解一下收银员的工作环境和工作情况。
2. 到附近的商场、超市或实训基地，了解电子收银机的构成和配套外部设备。

项目二　收银员礼仪规范

学习目标

1. 理解收银服务礼仪的作用及特性。
2. 掌握收银员仪容仪表整体要求及收银员容貌、服饰要求。
3. 掌握收银员站姿、坐姿及行走规范；掌握收银员手势、表情及行礼规范。
4. 掌握收银员工作的语言规范。

任务一　收银员礼仪知识

一、收银员服务礼仪

（一）收银服务礼仪的定义

收银服务礼仪是收银员在工作场合适用的服务规范和工作艺术，主要内容包括收银员的仪容礼仪、仪表礼仪、仪态礼仪、表情礼仪、语言礼仪和岗位规范等内容。

收银服务礼仪是收银员必备的素质和基本条件。出于对客户的尊重与友好，在服务中要注重的仪表、仪容、仪态和语言、操作的规范；热情服务则要求服务员发自内心、热忱地向客户提供主动、周到的服务，从而表现出收银员良好的风度与素养。

（二）收银服务礼仪的作用

1. 良好的礼仪有助于树立企业形象

企业的每名员工都是企业的代言人，通过个人形象的展示，可以表现出企业的风采。收银员都应以良好的礼仪形象出现在每位客户面前，便形成了一个企业整体的形象。

2. 提升服务价值

以良好的礼仪接待每一位客户，从而达到优质服务这一目的，使企业在日益激烈的市场竞争中，以服务争取市场份额，培养忠诚客户。

（三）收银服务礼仪的特征

1. 时代性

20 世纪 80 年代，商场实行的迎宾礼是“点头致意”，与客户打招呼多是点头问候

“您好”，甚至微笑都是奢侈的。如果真的在某个商场有收银员向客户行鞠躬礼问候“您好，欢迎光临”，客户也许还会吓一跳，以为对方认错人了，或者自己哪里做错了，这么隆重的礼节并不常见。

但是在今天，这已经成为高档商场一名司空见惯的迎宾礼，如果真的没有带着微笑来问候或是没有鞠躬，客户就会认为服务没有档次、服务人员不够热情。

2. 针对性

服务礼仪并不是要求所有商场、酒店、超市等都实行一模一样的礼仪规范，而是每个企业都需要根据自己客户的实际特点进行综合分析，设计出适合本企业的礼仪规范。礼仪的核心是不变的，但是具体规范要适应企业的实际特点。例如，酒店收银员化妆会比商场收银员浓重一些。这是因为酒店前台的灯光比商场的灯光偏黄、偏暗一些，太淡的妆无法体现良好的精神状态。因此，不同的实际环境，对员工职业形象有不同的要求。

二、收银员仪容仪表规范

收银员的职业形象，是收银员的仪容、仪表等通过客户的视觉、听觉、触觉、嗅觉等各种感觉器官，在客户大脑中形成的关于收银员的整体印象。客户对公司或卖场的“第一印象”往往来自于给他们提供服务的收银员。收银员在岗位上经常会与大量陌生的客户打交道，会在很多客户那里留下“第一印象”。因此，收银员应当塑造好自身形象，给客户留下良好的印象，从而让客户对企业留下良好印象。

仪容仪表是指人的容貌、姿态、服饰、精神面貌等。尽管仪容仪表呈现给公众的是一个人的外在形象，但它是一个人的内在素质和修养的综合表现。仪容仪表对一名收银员来说非常重要。这是因为收银员工作的收银台是服务空间，每天接待大量的客户，工作中给客户的第一印象就是他们的仪容仪表，包括容貌是否端庄，服饰是否整洁，精神是否饱满等。因此，收银员一定要注重自己的仪容仪表，使仪容仪表符合礼仪规范要求，以维护自身和企业在客户心目中的形象。

（一）整体要求

收银员每天工作在客户往来的商业场所，为了给客户留下一个美好的印象，修饰、注重自己的仪容仪在非常重要。因此，收银员应当学会一定的化妆技巧，掌握一些仪容仪表的礼仪规范以便装扮出自己最理想的形象，同时也给客户留下一个美好的印象。对收银员仪容仪表的整体要求是：外表干净整洁，健康向上。

1. 干净整洁

“干净整洁”是对收银员仪容礼仪的基本要求，干净整洁是指收银员的外表要干净利索，着装整洁得体；面容、头发、指甲要保持清洁，不浓妆艳抹，不邋遢。

2. 健康向上

健康向上是指收银员看起来要精神饱满、充满自信，给客户一种充满活力的感觉，体现出健康向上、积极进取的精神风貌。切不可因个人偏好去打扮而破坏店内的和谐氛围。

收银员平时应当做到以下 3 点。

1. 勤洗澡、勤换衣

收银员每天都可能与客户打交道，勤洗澡、勤换衣可以避免身体或头发产生令客户不愉快的浓重体味。

2. 勤剪指甲、勤理发

不可在工作场所剪指甲，应当在家里或洗手间等私密场所进行。收银员的头发要求保持干净整洁，无异味、无头皮屑、无灰尘，要定期理发。

男士每日都要认真剃须，修剪过长的鼻毛或耳毛，至少每月理发一次。服务岗位男士发型的具体要求为：前额头发的长度不超过眉毛、不遮挡视线；侧面头发长度不超过上耳轮；不留大鬓角、不蓄胡须；后面头发长度不触及衣领；不剃光头。

女士要注意护发、养发，根据自身情况选择合适的理发频率。平时梳理头发的时候应当避人，不可在工作场所梳头，不可在公众场合当着别人的面解开自己盘着或束着的头发，否则有轻浮之嫌。服务岗位女士发型的具体要求为：前额头发的长度不超过眉毛、不遮挡视线；侧面头发不遮掩面庞；后面头发长度不超过肩膀，长发应盘起；不用华丽或花哨的发饰。

3. 勤洗脸、勤洗手、勤刷牙、勤漱口

收银员每天至少早晚各洗一次脸，每天早上起来及就寝前必须刷牙。平时吃东西或喝饮料之后要立即漱口，及时清除口腔里的残留物质，以免产生口腔异味。一日三餐之后都必须漱口或刷牙，工作时间应避免食用气味过于浓烈的食物，如生葱、生蒜等。洗脸的时候要注意把眼角、耳窝、鼻孔、脖子等细节之处都洗干净。不可对着他人擤鼻涕、吐痰、咳嗽、打喷嚏、打嗝，有这些行为时应立即转身朝向无人方向，并尽量用纸巾或手帕遮掩，之后立刻洗手。不可在工作场合剔牙齿、掏鼻孔、挖耳朵、搓泥垢。

（二）容貌要求

1. 女性收银员容貌要求

爱美是人的天性，但作为收银员，一定要注意自己的容貌礼仪，把握好尺度，掌握好技巧，体现出现代女性应有的清新典雅、端庄亮丽的风采。女性收银员工作中容貌的具体要求如下：

（1）头发。保持清洁、整齐，经常洗头、剪发。发型以短、散、松、柔为宜，显示出自然、端庄之美。额前发不可遮及眉毛，头发造型不得过于夸张、怪异，不得将头发染成黑色以外的其他颜色。头发应整理得体，过肩长发必须束扎盘结，头饰造型不得过于夸张，颜色不得过于鲜艳。

（2）面部化妆。收银员上班化妆必须适宜，要根据环境特点、自身特点、当地习俗等掌握分寸。口红、眉毛需涂描得体，以自然适度为原则；应选用与自己肤色一致的粉底霜，薄薄地拍打均匀，以淡淡的粉妆为宜；眼影和眼线可用咖啡色眼线笔轻描，切忌过浓过艳、浓妆艳抹，甚至将低级、庸俗的东西带进收银台，会损害自己的形象，影响客户的心情。

（3）指甲及其他。收银员的指甲应当常修，短而干净，不得留长指甲。一般不宜涂抹指甲油，若使用指甲油，只可涂无色或肉色，且每只指甲均应涂上相同的颜色。营业时，除了手表以外，可佩戴无镶嵌物的戒指一枚，不得佩戴大圈或带坠的耳饰，也不宜戴惹眼的胸饰和领花等；不得戴手链或脚链，以免妨碍工作。

表 2-1 为女性收银员仪容仪表自检表。

表 2-1 女性收银员仪容仪表自检表

项目	细则	评价结果（是或否）
头发	发色是否自然	
	发型是否奇特	
	有无头皮屑	
	梳理是否整齐	
眼部	眼部化妆是否浓艳	
	眼睫毛是否整齐	
脸部	是否干净整洁	
	是否浓妆艳抹	
耳朵	是否佩戴夸张饰物	
	是否保持清洁	
口唇	口红是否太浓艳	
手	指甲有没有剪短	
	是否佩戴异形首饰	
	是否保持清洁	

2. 男性收银员容貌要求

男性收银员在日常工作中一般无须化妆，只要端庄、整洁、健康即可。要做到这一点，就必须注意讲究卫生，勤理发，勤洗脸洗手，勤剪指甲，不留长发和怪异发型，以自然、简洁为宜。鬓角不可过长，不留胡须；上班前不喝酒，不吃生葱、生蒜等带有强烈刺激气味的食物。

现代社会，男士美容逐渐呈现出大众化趋势。所以，男性收银员平常也应使用基本的护肤品，特别在容易引起皮肤干燥的秋冬季节，更应当注意保护皮肤，以免影响自己的形象。

表 2-2 为男性收银员仪容仪表自检表。

表 2-2 男性收银员仪容仪表自检表

项目	细则	评价结果（是或否）
头发	发色是否自然	
	发型是否奇特	
	有无头皮屑	
	梳理是否整齐	
眼部	是否充满血丝	
	是否看上去疲惫不堪	
耳朵	是否佩戴夸张饰物	
	是否保持清洁	

续表

项目	细则	评价结果（是或否）
口唇	是否留胡须	
	有无刷牙	
手	指甲有没有剪短	
	是否佩戴异形首饰	
	是否保持清洁	

（三）服饰要求

服饰是指收银员的衣着穿戴。由于收银员职业的特殊性，其服饰也有特殊的要求。服饰具有重要的自我表达功能，客户常常会凭借一个人的服饰来判断这个人的身份。作为一名收银员，职业要求我们规范、细心、注重小节。正确着装、规范着装，就是在用无声的语言告诉客户“我很认真，我愿意全力以赴地做好收银工作”。

1. 着装的原则

收银员着装的基本原则是正式、整洁、大方、得体，既要符合时尚美感，又要体现个性风采。

正式：收银员工作装要符合工作环境和身份。单位没有提供工作服的，可穿便装，不可穿奇装异服，要注意选择服装的款式，尽量显得落落大方。

> **注：** 有领比无领更正式；长袖比短袖更正式；露少比露多更正式；简洁比繁复更正式；合身比宽松或紧绷更正式。

整洁：要求收银员所穿的服装整齐、干净，上衣要熨烫平整，裤子要熨烫出裤线，皮鞋要擦出亮度，而且不论衣服新旧都要经常换洗，每天保持干干净净。

大方：要求收银员所穿衣服大大方方，不花里胡哨；同时要了解自身体型的特点，以便着装时扬长避短。

得体：收银员所穿服装要适合自己的体型，既不能过于瘦小，又不要太肥大，而且颜色搭配要合理，因为服装颜色的深浅会给人不同的感受。

2. 着装的要求

（1）工作服。工作服如果是套装，就必须上下装配套穿，而不能只穿其中一件。如果只有上衣是工作服，下装可以是便服，但也应搭配得当，裤子或裙子应在样式、色调上与工作服相协调。

衬衣要穿规定的颜色和式样，工装拉链必须拉上，长袖衬衣需扣紧袖口，衬衣下摆应扎放在裤子内或者裙子内，绝不能让内衣或其他衣服显露在制服外面；扎领带一定要用领带别针。

女性收银员要穿黑色、灰色、藏青色、茶色、绿色且无花纹的裙子。着裙装时，应穿长袜，长袜不得短于裙子的下摆，并一律为肉色；衬衣纽扣必须扣好。

（2）鞋袜。不穿拖鞋、凉鞋、草鞋或雨靴上班。皮鞋应擦拭干净，有亮度；破损的鞋子应及时修理；如穿布鞋，同样需保持鞋子的整洁。男性收银员应穿与鞋子颜色和谐的袜子，以深色为普遍颜色。女性收银员在正式工作场合中不能光腿，必须穿与套裙相配的丝袜。不可以把健美裤、九分裤当成袜子来穿。搭配套裙时，应当选择弹力好的长筒丝袜。应穿与肤色相近的丝袜，以肉色为主，袜口不要露在裤子或裙子外面；残、破、皱或袜口露出，都会破坏套裙的整体美。不能穿露脚趾的凉鞋和拖鞋；尽量不穿高跟鞋。

（3）工牌徽章。收银员上岗时应按照规定佩戴好徽章或工牌，它们是岗位和职责的标志，不得随意改制和增添其他饰物，不得借于他人使用。工牌内容填写应规范齐全，外套和内芯无破损、污渍。胸卡一律佩戴于制服外衣的左胸上，不得佩戴无照片或经涂改的胸卡。

（4）配饰。女性收银员应注意配饰的搭配，尽量减少亮点，不佩戴过于显眼或异形的首饰；风格总体来讲应当简洁、实用，色彩不宜过于鲜艳花哨，材质不宜过于贵重。男性收银员无首饰，可戴一款大方美观的手表。表 2-3 所示为收银员服饰自检表。

表 2-3　收银员服饰自检表

项目	细则	评价结果（是或否）
衬衫	是否洗烫过	
	颜色是否太刺眼	
口袋	有无携带便条和文具	
裤子	是否洗烫过	
	裤线是不是笔挺	
工作服	是否洗烫过	
	有没有佩戴工作证	
	有无脱线或破绽	
鞋子	是否干净光亮	
	有无污垢	
	后跟是否太高	

【案例】

7 月，天气酷热，某商场的女性收银员小周为了让自己凉快舒服，穿着吊带装，引起了客户的不满，认为她着装过于暴露。可收银员小周却认为“只要自己舒服，怎么样都可以”，并且坚持不穿工作装。

思考：

以上案例中收银员小周的做法对吗，为什么？

三、收银员行为举止规范

行为举止是收银员礼仪的具体表现形式之一。收银员的工作是在收银台为客户提供结账服务，其一举一动关系到企业的形象。因此，收银员工作中一定要注意自己的行为举止。收银员举止要落落大方，态度要热情亲切，动作要干脆利落，给客户以亲切愉快、满意的感觉。

（一）仪态美的标准

1. 文明大方

文明大方要求收银员的仪态要讲究礼貌、体现修养，能够给客户带来美好的视觉享受。不要当着客户的面擤鼻涕、掏耳朵、剔牙齿、修指甲，以及打哈欠、咳嗽、打喷嚏，实在忍不住，要用手帕捂住口鼻，面朝一旁，并且不要乱丢果皮纸屑等。

2. 端庄自然

端庄自然要求收银员的仪态端庄大方、训练有素，但又不装腔作势或者非常做作。收银员需要通过仪态服务体现规格和品质，经过良好训练之后的仪态呈现出的应是自然的美感，而不是婀娜多姿或者刚硬有力。好的仪态是不惹人眼球的，但是能够潜移默化地带给人愉悦舒服的感受，从而使其对服务产生信赖之感。

3. 优雅得体

优雅得体要求收银员的举止不仅文明自然，同时能够给客户带来美的享受。这是高层次的要求。优雅得体是建立在美观耐看的基础上的，在一些强调服务品质和档次的企业，收银员高雅的仪态是尤为重要的。客户需要一些载体来体会服务的绝妙之处，如大方的职业仪表、端庄自然的举手投足、热情文雅的服务语言都能给客户带来享受。

4. 男女有别

男性的仪态举止要体现“阳刚之美”。“刚”是男性的气质，即便服务场合，男性的举止动作也要有力度，如站立时可以双腿分开彰显自信和宽广的胸怀，如果男性在工作场合长时间双腿并拢站立，则会给人以拘谨、小家子气的感觉。因此，男性的仪态要求和女性是不同的，要让其表现出男性的刚劲、强壮、英勇和威武之貌。这一点从男性握手的力度、站立时的手势都可以看出不同，客户欣赏的也是富有男子汉气质的收银员。

女性的仪态举止则强调优雅得体，虽不需要婀娜多姿，但亦要呈现出女性的端庄、温柔、轻盈、娴静之感。动作流畅、柔和，但是不能做作或搔首弄姿，职业人士应该呈现出落落大方的举止风貌。

（二）站姿规范

站姿即站立姿势。在人际交往中，站姿是一个人全部仪态的根本。如果站姿不够标准，一个人的其他姿势就谈不上优美而典雅。对于收银员而言，采用标准的站姿尤为重要，因为大多商场、超市等零售企业的收银员工作时一直是站立服务的。

1. 站姿的基本要求

站姿应该端正、自然、亲切、稳重。塑造大方的服务形象，站立是最常用的一种姿态。

2. 站姿的具体要求

站姿的具体要求是：身体站正、挺胸收腹、腰脊挺直，两肩自然展开下沉，这样脖子就会很舒展；头要摆正，双目平视，面带微笑，但是要微收下颌，这是一种谦逊而且亲切的姿态；双臂自然下垂，两腿尽量并拢，两腿关节与髋关节舒展伸直。女性任何时候都不能分腿站立，身体重心放在两腿之间，肌肉略有收缩感。

（1）基本站姿。基本站姿是对收银员在仪态方面的一项基本要求，是指其在常规情况下站立时的标准做法，是指：

1）头部抬起，勿往前或下垂。面部朝向正前方，双眼平视，下颌微微内收，与地平行，不宜高扬下颔或过分收下颔。颈部挺直，与身体形成一条直线。

2）双肩放松，宜平衡、勿高耸，肩应自然并稍微往后。呼吸自然，腰部直立，双臂自然下垂，处于身体两侧，手部虎口向前，手指稍弯曲，指尖朝下。背脊立直，胸直挺，不宜勉强高耸。收紧腹部（不可突出），保持肋骨上升的姿态，保持腰部挺直，才能显得有精神。

3）两腿立正并拢，双膝与双脚的跟部紧靠在一起，两脚呈“V”字形分开，二者之间相距约一个拳头的宽度。身体质量平均分布于两脚，重心不能落在脚尖或脚跟的任何一边上。注意提起髋部，收缩臀部的肌肉并往前提，使臀部有结实感。

采取基本站姿后，从其正面来看，主要的特点是头正、肩平、身直；从侧面来看，其主要轮廓线则为含颌、挺胸、收腹、直腿。总体来讲，采取这种站姿会使人看起来稳重、大方、俊美、挺拔；另外还可以帮助呼吸，改善血液循环，并且在一定程度上减缓身体的疲劳。

练习方法：将身体靠墙壁站立，让后脑勺、脊背、臀部、小腿和脚后跟成一条直线，后脑勺靠墙，下颌微微收回，双腿绷直尽力贴靠在墙壁上。这时脚后跟抵住墙壁，可以尝试把手掌塞在腰和墙之间，如果刚好塞进去，就是非常合适的站姿；如果塞进去空隙太大，可把手一直放在背后，然后屈腿慢慢下蹲，直到腰与墙壁之间的空隙刚好只可以放一只手，就站直，寻找站立时挺拔的感觉。找到感觉后要经常练习，坚持不懈才能够有挺拔的身姿，好的仪态绝对不是一朝练就的。

（2）工作中的站姿要求。与客户谈话时，要面向对方站立，保持一定距离，太远或过近都是不礼貌的。站立姿势要正，可以稍弯腰，切忌身体歪斜，两腿分开距离过大，倚墙靠柱，手扶椅背等不雅与失礼姿态。站着与人交谈时，双手下垂或叠放于腹部，左手放在右手上；不可双臂交叉，更不能两手叉腰，将手插进裤袋里，或下意识地做一些小动作，如摆弄打火机、香烟盒，玩弄衣带、发辫，咬手指甲等。但可随谈话内容适当做些手势。

男性收银员在站立时，要注意表现出男性刚健、潇洒、大方、干练的风采，要力求给人以一种健康的美感。具体来讲，在站立时，男性收银员可以将双手相叠握放于腹前，或者相握于身后。双脚可以叉开，大致上与肩部同宽，此为双脚叉开后两脚之间相距的极限。女性收银员在站立时，则要注意表现出女性轻盈、娴静、典雅的韵味，要给人一种文静的美感。具体来讲，在站立时，女性收银员可以将双手相握或叠放于腹前；双脚可以在一条腿为直立的前提下，稍许叉开。

在为客户服务时，不论是男性收银员还是女性收银员，都要特别注意，一定要在自己站立时正面面对服务对象，切不可将自己的背部对着对方。这一点直接关系到收银员对客户的尊重与否。

（三）坐姿规范

正确规范的坐姿要求端庄而优美，给人以一种文雅、稳重、自然大方的美感。坐是举止的主要内容之一，无论是伏案学习、参加会议，还是会客交谈、娱乐体育，都离不开坐。坐，有美与丑、优雅与粗俗之分。优美的坐姿会让人觉得舒适、端正、舒展、大方。

1. 标准的坐姿要求

(1) 入座时要轻、稳、缓。走到座位前，转身后轻稳地坐下。如果椅子位置不合适，需要挪动椅子的位置，应当先把椅子移至欲就座处，然后入座。

(2) 女性入座时，若是裙装，应用手将裙子稍稍拢一下，不要坐下后再拉拽衣裙，那样不优雅。在正式场合一般从椅子的左边入座，离座时也要从椅子左边离开，这是一种礼貌。

(3) 双肩平正放松，上身自然挺直，两臂自然弯曲放在腿上，或两手半握放在膝上，亦可放在椅子或沙发扶手上，以自然得体为宜，同时手心都要向下。谈话时，可以侧坐。侧坐时上体与腿同时向一侧，要把双膝靠拢，脚跟靠紧。

(4) 坐在椅子上，要立腰、挺胸，上体自然挺直，双膝自然并拢，双腿正放或侧放，双脚并拢、交叠或成小“V”字形。男士两膝间可分开一拳左右的距离，脚态可取“小八字步”或稍分开以显自然洒脱之美，但不可尽情地打开腿脚，那样会显得粗俗和傲慢。

(5) 坐在椅子上，应至少坐满椅子的 2/3，宽座沙发则至少坐 1/2。落座后至少 10 分钟左右不要靠椅背，时间久了，可轻靠椅背。

(6) 谈话时应根据交谈者方位，将上体双膝侧转向交谈者，上身仍保持挺直，不要出现自卑、恭维、讨好的姿态。礼仪要尊重别人，但不能失去自尊。离座时要自然稳当，右脚向后收半步，而后站起。

2. 女士坐姿

女士在坐着的时候要膝盖并拢，永远都不能分开双腿，因为这体现着女性的修养；腰脊挺直，双手自然相叠，放在一条腿上；背部直立不能完全倚靠在椅背上，坐满椅面的 2/3 即可。应从座位左侧入座，然后右脚后退半步，感知到椅子的位置，再用右手手背整理裙子，坐下后把双手放在一条腿上，动作轻盈而协调。

(1) 正位坐姿。正位坐姿适合大多数场合，具体做法是身体的重心垂直向下，双腿并拢，大腿和小腿成 90°角，双手虎口相交轻握放在左腿上，挺胸、直腰，面带微笑。一般在比较庄重的场合应该采用正位坐姿，如作为观看演出的方阵或在重要会议听领导发言等。

(2) 双腿斜放式坐姿。首先在落座后身体的重心垂直向下，双腿并拢，大腿和小腿成 90°角，平行斜放于一侧，双手虎口相交、轻握，放在腿上。如果双腿斜放于左侧，手就放在右腿上；如果双腿斜放于右侧，手就放在左腿上，挺胸、直腰，面带微笑。拍照、录像时，建议女性采用双腿斜放式的坐姿。

(3) 双腿交叉式坐姿。双腿交叉式坐姿是一种既舒服又漂亮的坐姿。在落座后，将身体的重心垂直向下，双腿并拢，大腿和小腿成 90°角，平行斜放于一侧后，双脚在脚踝处交叉，双手虎口相交、轻握，放在腿上。如果双腿斜放于左侧，手就放在右腿上；如果双腿斜放于右侧，手就放在左腿上，挺胸、直腰、面带微笑。与客户或领导交谈时，采用双腿交叉式坐姿既不会太累又端庄自然。

(4) 前伸后屈式坐姿。长时间采用坐式服务的女性建议采用前伸后屈式坐姿，因为这种坐姿可以长时间保持也不会觉得累。具体坐法是将身体的重心垂直向下，双膝并拢，左脚前伸、右脚后屈或右脚前伸、左脚后屈，双手虎口相交、轻握，放在左腿上，更换脚位时手可不必更换，挺胸、直腰，面带微笑。

（5）重叠式坐姿。重叠式坐姿是最能体现女性腿部完美曲线的一种坐姿，尤其是坐在矮沙发上。一般情况下，女性不能跷二郎腿，但坐的时间较长并且在非正式场合可以跷二郎腿，如在一些室内的圆桌会议上或者社交场合。方法是先将左脚向左踏出45°，然后将右腿抬起放在左腿上，大腿和膝盖紧密重叠，重叠后的双腿没有任何空隙，犹如一条直线，双手虎口相交，轻握放在右腿上；也可以将右脚向右踏出45°，然后将左腿抬起放在右腿上，大腿和膝盖紧密重叠，双手虎口相交、轻握，放在左腿上。

3. 男士坐姿

（1）正位坐姿。男士的身体重心垂直向下，两腿分开（不宽于肩部），稳当坐好，但与人交谈或会面时不要坐满整个椅面，很轻松自然地把手放在双腿上，大腿和小腿成90°角，表现出男性的豁达和自信。不要把小腿交叉蜷缩在椅下，这样显得腿短且姿态窝囊。

（2）重叠式坐姿。在正位坐姿的基础上，将右腿抬起放在左腿上（或左腿放在右腿上），双手自然放在架起的腿上，双腿（大腿和膝盖）尽量重叠，不要留出过大缝隙，也不能将腿架成“4”字。

（四）行走规范

行走的姿势极为重要，因为人行走总比站立的时候多，而且一般又都在公共场所行走，人与人相互间自然地构成了审美对象。行走时，步态应该自然轻松，目视前方，身体挺直，双肩自然下垂，两臂摆动协调，膝关节与脚尖正对前进方向。行走的步子大小适中、自然稳健，节奏与着地的重力一致。与女士同行，男士步子应与女士保持一致。总之，走相千姿百态，没有固定模式，或矫健，或轻盈，或显得精神抖擞，或显得庄重优雅，只要与交际场合协调并表现出自己的个性，就应该是正确的。

1. 走姿动作要领

（1）上身平直端正，稍向前倾（3°～5°），双目平视前方，头正颈直，挺胸收腹，两肩左右相平，不前后左右摇晃。

（2）行走时，双手五指自然并拢，两臂以肩为轴自然摆动，两肩自然下垂前后摆动，前摆时肘关节稍微弯曲，后摆幅度不宜过大（30°～35°），要保持平稳从腰部以下行动，双手要和谐摆动，不用力摔腕。

（3）行走时身体重心略向前倾，重心落在行进于前边的脚掌，腹部和臀部要向内提，由大腿带动小腿向前迈进，脚跟先接触地面，脚跟着地后将身体重心立刻前移至前脚掌，在行进中使身体的重心不断前移，而不能把重心不断地后坠在脚跟上，行走轨迹为一条直线。女性的步幅为30厘米左右，男性的步幅为40厘米左右。

（4）给客户做向导时，要走在客户前两步远的一侧，以便随时向客户解说和关照客户。

（5）双腿在行走过程中直而不僵，走步时，脚尖方向要端正，双脚沿直线平行向前，步幅不宜过大，步频不宜过快。

（6）在走廊、楼梯等公共通道内，店内员工应靠左而行，不宜在走廊中间大摇大摆。在单人通行的门口，不可两人挤出挤进。

（7）在任何地方遇到客户，都要主动让路，并微笑地做出手势“您先请”，千万不可与客户抢行。

（8）在走廊行走时，一般不要随便超过前行的客户；如需超过，首先应说声“对不起”，待客户闪开时说声“谢谢”，再轻轻穿过。

2. 行走的训练方法

（1）要练习腰部力量。行走属于动态美，是全身协调性运动，其中腰部的控制力又是至关重要的。练习时，双手固定于腰部，脚背绷直，踮脚正步行走，不需要额外找场地、找时间，在家中随时都可以练习。

（2）良好身姿还体现在背部。脊背是行进中最美妙的“音符”，因此要练习脊背和脖颈的优雅姿势。头顶上放一本书走路，保持脊背伸展和头正、颈直、目平，起步行走时，身体略向前倾，身体的重心始终落于行进在前边的脚掌上，前边的脚落地、后边的脚离地的瞬间，膝盖要伸直，脚落下时再放松。

（3）要练习脚步，内八字和外八字绝对是不可取的。在地上画一条直线或利用地板的缝隙练习，两脚内缘的着力点力求落在直线两侧。通过不断的练习，保持好行走的轨迹和稳定性。

（4）要进行全身的协调性训练，使行走中身体的每一个部分都能呈现出律动之美。步伐要矫健、轻盈，富有稳定的节奏感。

3. 行走礼仪

如果是两个人一起行走，行走的规则是以右为尊，以前为尊。和客户或上级一同行走的时候，就应该站在他们的左侧，以示尊重。如果是一位男士和一位女士同行，那么就应该遵照男左女右的原则。

如果三人同行，都是男性或都是女性，那么以中间的位置为尊，右边次之，然后是左边。

如果是一位男士和两位女士同行，那么男士应该在最左边的位置；如果是一位女士和两位男士同行，则女士在中间。很多人一起行走时，以前为尊，按照此原则向后排序。

如果在室外行走，应该请受尊重的人走在马路的里侧。如果道路比较拥挤狭窄，应该注意观察周围情形，照顾好同行的人，同时要保持良好的仪态，不能因为在户外就左顾右盼、四处张望或推推搡搡、拉拉扯扯，不论多么熟悉的同事和客户，在大庭广众之下也应该保持职业人士的端庄仪态。如果人群拥挤不小心碰到他人、踩到他人或绊倒他人的时候，要及时道歉，并给予必要的帮助。如果别人无意识地碰到自己或妨碍自己，应小心提醒并予以体谅。

在道路上行走，不能三人以上并排，这样会妨碍其他的行人和车辆通行，同时也是不安全的做法。到达电梯口、车门口或房门口时，男士也应该快走两步为女士服务；在不太平坦的道路或山下比较高的台阶时，男士也应该适当地帮助女士。“女士优先”是国际通行的礼仪规则，同时也是绅士行为的体现。

当一个人行走时，要靠右侧行走，将左侧留给急行的人，乘坐电扶梯时也是这样。

其实如果留心，我们可以看到很多大型超市的电扶梯都用黄线做出了明显的标志，示意行人乘梯靠右侧站立，左侧留给急行的人，这也是作为突发意外时的一条应急通道，可以让救援人员快速通过。但非常遗憾的是，现在仍然可以看到人们三三两两地并排站立在扶梯上的现象，即便后边的人急得跺脚搓手，前面的人仍悠然自得地并排聊天。

4. 走姿注意事项

（1）要注意手臂的摆动，千万不能夹着手臂走动。用小臂带动大臂自然摆动，幅度大概是前摆向里约35°，后摆向后约15°，摆动手臂的时候，肩膀不要摇晃。不能把手抱在胸前或倒背着双手走路。

（2）走路的时候不要不抬脚，脚步拖拉在地上，这是一种很消极的身体语言。如果在工作场合，这种消沉的姿态很容易传递给同事或客户不良的感觉，使大家不愿意与你接近。同时也不能低着头或耷拉着眼皮走路，这同样不是一种积极的态度。身在职场要始终表现出自信、豁达和对工作的热情。

（3）走路时要因场地而及时调整脚步的轻重缓急，不能把地板踩得“咚咚”作响。无论遇到多么紧急的事情，也不能体现在脚步的重力上，可以用加快步伐频率的方法提速。

（4）女性不要岔开双腿走路，那样显得很粗鲁，走路尽量走直线。在家练习时，以地板的接缝作为参照线，双脚落在线的两边，并不是完全踩在线上，而是用脚的内侧贴近直线，速度要均匀，不能走得过快。仪态万千的前提一定是速度、幅度都控制得当。

【案例】

在某商店里，有两名收银员把手插进裤兜里走路，旁边同事说：“不要这样，在我们这样以接待客户为主的行业中，这样是很不礼貌的。”而这两名收银员说：“没事，我们这是换班！又没有在岗上。”

思考：

请你分析上述案例中两名收银员的做法合适吗，为什么？如果是你，你会怎么做？

（五）蹲姿规范

1. 职业蹲姿的基本规范

（1）高低式蹲姿。职业人士在工作场合应该采取高低式蹲姿，这种姿势非常漂亮，而且最重要的是女性在穿裙子时采用这种蹲姿也会比较安全。

具体动作：下蹲时左脚在前，右脚稍后，两脚平行，两腿靠紧向下蹲。左脚全脚着地，小腿基本垂直于地面，右脚脚跟提起，脚掌着地。右膝低于左膝，右膝内侧靠于左小腿内侧，形成左膝高、右膝低的姿势，臀部向下，基本上以右腿支撑身体。

拾取物品：有时由于服务工作需要而下蹲捡拾物品，则左手放在左膝上，右手拾取。一般而言，需拾取物品在身体哪一侧就用哪只手去捡。当然，如果在行进中有物品掉落，则不拘泥于这种规则，只要控制好下蹲的角度，哪只手去捡都可以。

拍照姿态：若是拍照等其他需要长时间保持蹲姿的场合，则双手虎口相对轻搭在一起放在左膝上，要使手指尽量舒展，不要蜷缩在一起或使劲绞握在一起。

如果是护士或工作服比较长的职业女性，在下蹲时还可采用以下三种蹲姿。

（2）拉叠式蹲姿。拉叠式蹲姿适合工作服较长的职业人士下蹲时采用。

具体动作：首先用右手将长衣拉起叠放在身前，然后蹲下，左手自然伸展放在左腿上，下蹲时左脚在前，右脚稍后，两腿靠紧向下蹲。左脚全脚着地，小腿基本垂直于地面，右脚脚跟提起，脚掌着地。右膝低于左膝，右膝内侧靠于左小腿内侧，形成左膝高、右膝低的姿势，臀部向下，基本上以右腿支撑身体。

（3）提议式蹲姿。提议式蹲姿适合衣服长及膝盖时采用。

具体动作：首先用右手将长衣提起，然后下蹲，左手自然伸展放在左腿上，下蹲时左脚在前，右脚稍后，两腿靠紧向下蹲。左脚全脚着地，小腿基本垂直于地面，右脚脚跟提起，脚掌着地。右膝低于左膝，右膝内侧靠于左小腿内侧，形成左膝高、右膝低的姿势，臀部向下，基本上以右腿支撑身体。

（4）抚衣式蹲姿。抚衣式蹲姿适合穿裙装的女性采用。

具体动作：首先用右手抚拢裙摆下蹲，左手自然伸展放在左腿上，下蹲时左脚在前，右脚稍后，两腿靠紧向下蹲。左脚全脚着地，小腿基本垂直于地面，右脚脚跟提起，脚掌着地。右膝低于左膝，右膝内侧靠于左小腿内侧，形成左膝高、右膝低的姿势，臀部向下，基本上以右腿支撑身体。

2. 蹲姿练习方法

蹲姿练习方法是在站姿的基础上，右脚后退一小步，两腿靠紧下蹲，保持脊背挺直下蹲，左腿高、右腿低，再将左手放在左腿上，右手拾取地上的物品，然后小腿和脚用力平稳起身。

3. 蹲姿礼仪

（1）蹲下的时候，目光要先有所示意，千万不要唐突地蹲下，令对方不知所措。在下蹲的时候动作应该保持一贯的频率，不能生硬下蹲。“蹲”的过程是优雅职业行为的展示。

（2）如果是拾捡物品，就要站在需拿取物品的旁边，然后屈膝下蹲，物品在哪一侧就将哪一侧的腿放低，用这边的手去拾拿物品，另一侧的手放在同侧的膝盖上。但捡拿物品的时候不要低头弓背，下蹲的时候要保持腰部的控制力，不要弓下腰，这样上衣会自然上提，如果露出腰部的皮肤或是内衣则非常难堪，两腿应合力支撑身体，保持好身体的重心，臀部不能向上翘起，防止走光。

（3）虽然高低式蹲姿，两膝不能完全并拢，但女士的两腿要尽力并紧，穿着旗袍或职业短裙时需要格外注意双腿之间不留空间，并且下蹲时要避免双腿面向对方，采取侧向对方的角度。

（4）在由蹲姿变为站姿的时候，不要用手撑着大腿站起，给人以疲惫拖沓的印象，而是轻松自然地起身，即便需要腿部借力也应该从容地、隐蔽地撑腿用力，而不是用幅度较大的明显方式来借力。

（5）如果因为拾取物品等情况下蹲，待完成后应尽快起身，长时间蹲在地上是不雅观的，尤其是蹲在地上休息更是不可取的。

（六）手势规范

作为商业场所服务岗位的收银员，手势非常重要，使用手势要注重礼仪，正确的、规范的手势可以给客户带来更好的服务。

1. 手势的作用

（1）指示方向。当客户有疑问向收银员咨询时，收银员需要了解客户需求，及时地为客户解答并指示方向（如客户需要到某柜台或服务总台办理业务，为客户指引某柜台方向或服务总台方向）。

（2）沟通交流。一名优秀的收银员在与客户交流时绝不仅仅依靠语言来进行服务，还需要借助多种表达方式为客户提供更多的周到服务。其实为客户提供服务的方式有很多种，手势和表情也同样重要。

（3）提升形象。收银员大多都非常注重个人形象，因为他们是企业与客户交往中展示的一张企业名片，而良好的职业形象决不单指大方的妆容和得体的穿着，还包括优雅的身体语言，而手势无疑是收银员在与客户交往中经常使用的体态语，运用得体、规范往往能够提升一个人的整体形象。

无论衣着多么规范，在与客户交流时用一根手指戳戳点点，将会使职业形象大打折扣。

（4）辅助语言表达。在服务工作中经常会遇到为客户指引方向、为客户递送小票或提醒客户小心地滑等情形，在遇到这种情形时，单纯的语言表达往往不能准确地传达意思，需要借助手势来更直接、准确地表达服务内容，而且手势的合理运用会使简单的服务行为更具有品质。

2. 手势的分类

（1）前摆式（以左手为例）：五指并拢，手掌伸直，由身体一侧自下而上抬起，以肩关节为轴，到腰的高度再向身前左方摆去，小臂摆到距身体 15 厘米，并不超过躯干的位置时停止。目视宾客，面带微笑。

（2）斜摆式（以左手为例）：将左手先从身体的一侧抬起，到高于腰部后，再从左侧下方摆去，使大小臂成一斜线，指尖指向地面或具体位置，手指伸直并拢，手、手腕与小臂成一条直线，掌心略微倾斜。

（3）横摆式（以右手为例）：五指并拢，手掌自然伸直，手心向上，肘微弯曲，手掌、手腕和小臂成一条直线。开始做手势时应将右臂从腹部之前抬起，以肘为轴向一旁摆出到腰部，并与身体正面成 45°角时停止。头部和上身微向伸出手的一侧倾斜。另一只手自然下垂，手指伸直，注视宾客，面带微笑，表现出对宾客的尊重和欢迎。

（4）回摆式（以右手为例）：五指并拢，手掌自然伸直，手心向上，肘微弯曲，手掌、手腕和小臂成一条直线。另一只手自然下垂，手指伸直，注视宾客，面带微笑，表现出对宾客的尊重和欢迎。小臂的运行轨迹由身体一侧（与身体正面成 4°角）向胸前摆动。

（5）直臂式（以左手为例）：将左手自身前抬起，左手手指并拢，掌伸直，屈肘从身前抬起，向指引的方向摆去，摆到肩的高度时停止，肘关节基本伸直。

（6）前伸式（以右手为例）：身体正直面向宾客，伸出右手，掌心向上，大臂与小臂成 90°角，小臂与手腕、手掌成一条直线。

（7）鞠躬前伸式（以右手为例）：身体正直面向宾客，伸出右手，掌心向上，大臂与小臂成 90°角，小臂与手腕、手掌成一条直线，身体同时鞠躬 15°。

3. 收银员常用手势规范

常用的手势包括指引手势和交谈手势、递接物品手势。正确规范的手势要求如下。

（1）指引手势：五指并拢，掌心朝上，手臂以肘关节为轴，自然从体前上扬并向所指方向伸直（手臂伸直后应比肩低），同时上身前倾，头偏向指示方向并以目光示意。

（2）交谈手势：与人交谈使用手势时，动作不宜过大，手势不宜过多，不要用拇指指向自己（应用手掌轻按左胸），不要击掌或拍腿，更不可手舞足蹈。

【案例】

客户张先生在购买完办公用品后准备到商场服务台去开发票，于是向收银台的收银员小李问道："请问你们商店的服务台在哪儿？"小李说："您好，我们的服务台在一楼，您可以乘那边的电梯下去。"

思考：

你认为收银员小李加上什么样的手势会使其更准确地回答客户的问题？

（3）递、接物品的手势。

1）基本原则。在递送物品时，要用双手递送，并且身体主动向前稳妥地递送到对方手中。递送的物品要方便对方拿取，把尖刃或是不便于接拿的一端朝向自己，将方便接拿的一侧朝向对方，确保其可以顺利、方便地接拿。接拿客户递过来的物品时，应主动上前，稳妥接拿，姿态稳定不轻浮，使用双手接物最为规范。

2）具体要求。递送文件或单据给客户时，用双手递交，具体方式是拇指在上、四指在下稳妥地捏拿住文件，注意用目光示意，而后面带微笑地递送到对方手里。需要对方签字或着重阅读某个部分，应使用前伸式手势指示给对方，并用语言准确地表达需要对方配合的事项。

递送物品（笔、剪刀）给客户时，应尽量使用双手，并将物品的手柄或是易于对方接拿的一端朝向对方，将方便留给客户。如果物品较为锋利或尖锐，应在递送前用语言提醒，如"剪刀比较锋利，请小心"。

递送零碎物品（曲别针、大头针）给客户时，不能直接递给客户，应把散碎小物品放在一张纸或可承载的物品上双手递给客户。

接取客户递送的物品时，应采用走上前或前倾身体表达出"主动"的意愿，然后用双手接取。

优雅规范的手势运用需要将目光和身体语言相配合，应该面带微笑，身体略微前倾，以表示对客户的尊重。

（七）行礼规范

对于收银员而言，塑造被客户喜欢并信赖的良好印象非常重要，它会对接下来的服务交往产生较大的影响，在最初相见的短短几秒钟或是几分钟里，殷勤的服务态度往往是通过亲切友好的问候来传达的。

1. 点头礼（注目礼）

（1）动作要领。点头致意是收银员向客户或打招呼时运用最多的一种方式，在行点头礼时一定要看看对方的眼睛，接着含笑低下头，这时通常有两种方式，一种是在打招呼的同时微笑；另一种是在打招呼之后笑容满面，可根据实际情况选择。但要注意的是点头要配合目光和微笑，而不单纯是头部的动作，这样才能够起到良好的交流作用。

（2）点头礼仪。

1）使用点头礼最恰当的时机是目光和客户相对时，或距客户 3 米～5 米时。应主动采用点头礼进行问候致意。

2）在与客户匆匆相遇的短暂瞬间可采用点头致意的问候方式，在电梯、楼梯间比较狭小的空间也可采用点头致意来向同事及客户问候。

2. 鞠躬礼

鞠躬礼起源于中国的商代，那时有一种祭天仪式“鞠祭”，祭品通常为猪、牛、羊等，将其整体弯卷成圆的鞠形，然后摆到祭祀处奉祭，以此来表达祭祀者的恭敬与虔诚。后来人们逐渐援引这种形式来表达自己对地位崇高者或长辈的崇敬。低身弯腰，这是一种意愿把自己坦露和奉献对方的象征，这就是鞠躬这一礼节的最初由来。其实，直到现在也有很多地区在逢年过节祭拜的时候，会把猪、牛、羊整个曲蜷成圆形，令其首尾相接，用来表达虔诚和敬意。

（1）鞠躬的含义。鞠躬可以表达尊重之情、礼貌之意，可以传达友谊，可以表示谦虚、表达感谢、深深道歉等情感，是内心思想的一种外在表达方式。

行鞠躬礼是向他人表示尊敬、重视的一种礼节，这种礼节在我国春秋时期就已出现，《论语·乡党》中就写有：“入公门，鞠躬如也。”现在鞠躬礼是在一些比较庄重、正式的场合中经常采用的礼节，同时一般的社交场合也适用，如晚辈见到长辈、学生见到教师，或者演讲、演出者对观众的掌声和支持表示感谢时都行鞠躬礼。在一些颁奖典礼上，获奖者上台后也要向授奖者鞠躬行礼。甚至在比赛中，选手也会向主持人、评委行鞠躬礼。总之，鞠躬礼已经被越来越多的人广泛采用，这种身体上郑重的表达往往恰当地表现出鞠躬者的心情。

鞠躬这种低身弯腰的动作是将自己的颈部伸出给对方，即将自己身体中最薄弱的地方、最重要的位置坦露出去，如果有敌人来进行攻击，就会失去生命。由此可见，鞠躬是一种非常隆重的礼节，当一个人把最薄弱的位置暴露出去时，所传达的信赖感是不容置疑的。

（2）鞠躬的顺序。鞠躬的顺序应该是由地位较低的一方先向受尊敬的一方施以鞠躬礼。地位较低的人鞠躬的角度略微大一些，用身体的弯曲度来承载内心的尊重之情。在比较庄重、盛大或人数众多的场合，鞠躬的角度要适当大一些。其实，鞠躬的角度、表情和姿势最能体现一个人的修养。对于收银员而言，应该主动向客户行鞠躬礼，客户可以用欠身、点头、微笑等方式予以还礼。

（3）收银员常用鞠躬礼规范。

1）鞠躬礼的分类。常用的礼节性行礼一般有两种：

① 15°礼。15°礼用于打招呼，常用在回应客户“好的”“让您久等了”，或向客户表示“感谢惠顾”时，也就是对客户说“欢迎光临”“谢谢”时均可使用这种行礼的方式。行礼时，两腿自然并拢，两手握着放在身前，上身向前倾，同时脸上要常带着微笑，给人一种自然亲切的感觉。

② 45°礼。45°礼是最客气、最表敬意的行礼。在向客户致敬或处理客户抱怨问题的

时候，可以配合使用这种礼节。

2）鞠躬礼的要求。

① 以基本姿势站立。

② 行礼时，须始终注视对方的眼睛（不可过于僵硬地盯着对方。除了亲切的眼神，还要有随和的感觉），上身倾斜 15°时看对方的肩膀，上身倾斜 45°时视线移至 1 米前的地板上。

③ 颈部要伸直，以腰部为支点，假想上身有一块板子支撑着，颈背要成一条直线。垂头或驼背都不是优美的姿势。

④ 动作要有节奏、自然，不可心不在焉，否则会给人一种不尊重的感觉。

⑤ 速度要一致，上身前倾与抬起的速度要大约相同。速度过快让人觉得草率，太慢又让人觉得热情过度。

一般而言，鞠躬一次就可以，不要反复鞠躬。礼数的周全不是靠数量来体现，而是靠恰当的礼节和得体的表达。

（八）表情规范

人类最美好的表情就是微笑。微笑即在脸上露出愉快的表情，是善良、友好、赞美的表示。在绝大多数交往场合中，微笑都是礼仪的基础。亲切温馨的微笑能使不同文化背景的人迅速缩小彼此间的心理距离，创造出交流与沟通的良好氛围。

笑脸待客的重要性众所周知。特别是作为一名在商业场所工作的收银员，微笑待客更重要。微笑是热情待客的基础，而热情待客是商业竞争胜利的砝码。

甜美的微笑应温和友好，自然亲切，恰到好处，给人以愉快、舒适、动人的感觉。这不仅可以让客户心情愉快地来买东西，而且面带微笑也能使自己的心情变得愉悦。真诚的微笑是发自内心的，是内心喜悦的真实流露。每名收银员在任何时候、任何场合，对任何人都应微笑相待。

要做到能笑脸待客，应该从平时就养成面带微笑的习惯；要树立爱岗敬业、热情服务的思想，同时加强微笑练习，提高自身的素质，才能为客户留下美好的微笑。

微笑的要素：

1. 诚恳的微笑

收银员应该呈现的是职业的、诚恳的微笑，可以给同事带来愉快的感受，同时也可以为客户营造轻松的交流气氛。

2. 纯净的微笑

在服务工作岗位与客户交往中呈现的笑容应该是纯净的、发自内心的。

3. 完整的微笑

完整的微笑来自眉宇的配合、身体的配合和心情的配合，一张面孔的表情是和谐、统一的，才会令人感觉亲切。

4. 规范的微笑

服务行业的微笑不但要亲切，带给客户春天般愉悦舒心的感受，同时还要符合行业规范。

（1）保持应有的职业形象。微笑应该出现在一个仪容大方、端庄，仪表整洁、得体，精神热情、饱满的人的脸上。因为“微笑”是一种服务，而不仅仅是一种表情。

（2）积极的身体语言。微笑时要神态自然、热情适度，呈现出积极的身体语言。当一名收银员歪歪斜斜、吊儿郎当地站立的时候，即使看到客户进来能够给予微笑，也一定是漫不经心、敷衍了事的微笑，无法打动人心。所谓积极的身体语言，是指身体姿态规范优雅，微笑时能够尽量将脸庞和上半身转向客户，落落大方地微笑致意。

（3）主动微笑。如果能够在与同事或客户目光接触的同时、在你开口说话之前，首先献上你的一个微笑，就由你创造了一个友好、热情的对自己有利的气氛和情境，肯定会赢得对方满意的回报。如果对方先冲你微笑，应该而且必须马上还以礼仪微笑。谁先开始微笑，谁就显得更有礼貌，更有修养。无疑，每位客户最希望看到的就是主动热情的微笑，它比冰冷的语言更有感染力。

（4）控制微笑时间。如果是初次见面问候客户，微笑的最佳时间长度，一般不超过7秒。时间过长会给人以傻笑的感觉，反而尽失微笑的美韵；过短则会有敷衍了事的感觉。

（5）最佳启动。当目光与他人接触的瞬间，要目视对方展开微笑。但微笑的启动与收拢都必须做到自然，切忌突然用力启动或突然收拢。

（九）注视规范

在五官中，眼睛的传达力和表现力是最强的。虽然微笑也有很强的感染力，但是它表达的信息相对单一，而目光则可以传达出欣喜、关注、藐视、担忧、愤怒、惊奇、厌恶或不安等多种情绪。作为一名收银员，目光的表达就需要进行有效的训练和必要的规范。

1. 服务中适当的目光交流是对客户的尊重

俗话说：“眼睛是心灵的窗户。”透过眼神，可以看出一个人对工作、对生活的态度，注重眼神礼仪，可以为你的社交活动取得成功而加分。精明的客户善于观察对方的眼睛，因为从对方的眼睛里就能够判断出这个人的可信度，要么真诚放心地与其合作，要么提高警惕防止被骗。有些老练的客户甚至可以透过眼神来判断一个人的工作能力。

在商务或社交活动中，正面看人是尊重对方的表现。正面看人一般可以分为两种情况，一是正视对方的脸部；二是眼神坚定，直视对方。如果与客户谈话时，低着头说话、眼睛盯着没有人的地方，视线涣散或者直愣愣地看着对方等都是不礼貌的，对方会认为你对他不够尊重，没有诚意与他合作，精明的客户还会认为你是个胆小、懦弱、害羞的人，任何人都不愿意与这样的人做生意，因为，一个不敢正面看人的人，说明他对自己的公司没有信心，试问有哪个客户愿意与这样的公司合作呢？

2. 视线表达的规范

一名好的收银员不但善于运用目光为客户提供服务，同时能够规范而科学地使用目光。

（1）要注意视线接触的向度。视线的向度其实就是目光的方向。我们比较喜欢的是平视，这样使交流也如目光的这条线路一样直接而顺畅。仰视和俯视都会使双方的心理产生差距。虽然有时俯视不会令我们难堪和不安，不过那通常是对小孩子表达的爱怜和关怀。在成年人的交往中，平视是最好的方式。

（2）要把握视线接触的长度。在服务场合与客户交流要注意目光接触时间的长短。如果你与一个人在交往中对方很少关注你，而且注视你的时间不超过整个相处时间的30%，说明这个人不在乎你。同样的道理，如果你是一个领导和长辈，则要在与下属或晚辈见面时，多一些目光的接触，这对鼓励他有很大的作用。对客户更是如此，目光长时间地接触其实是对客户的关怀，同样，他也会受到你良好情绪的感染，进而对你和你的公司抱有兴趣。

（3）要控制视线接触的位置。一般来说，在初次相见或最初会面的短暂时间应注视对方的眼睛，但如果交谈的时间较长，可以将目光迂回在眼睛和眉毛之间，或随着他的手势而移动视线。千万不要直接生硬地一直看着对方，通常这样的目光是审视的、挑剔的、刁难的意思。如果长时间地盯着对方一个地方看，可能还会造成误解，对方会以为自己脸上有什么不妥当的地方，如妆容乱了或脸上有东西等，无端给对方造成了压力。

（4）要善用目光的变化。一般与对方目光接触的时间是与对方相处的总时间的1/3，每次看别人的眼睛3秒左右，让对方会感觉到比较自然。在向服务对象问候、致意、道别的时候都应面带微笑，用柔和的目光去注视对方，以示尊敬和礼貌。要把目光柔和地照在对方的脸上，而不是单单地注视，否则会让人感觉不友善。也不能从脚底看到头顶地反复打量对方，即便对方的穿着有不得体的地方，也应该使目光尽量柔和，变化时不着痕迹。"散点柔视"是与客户交流时非常得当的目光运用，也就是将目光柔和地投射到对方脸上，而不应在某一点凝聚。

3. 目光的使用规则

（1）要做到"目中有人"需要有一个尊重的态度。只有内心是尊重对方的，目光才可能是亲切友好的。生硬的目光反而是一种伤害。有时会看到一些服务场所的人用挺直的身体和麻木的目光来问候，客户都不会回应他，因为对他而言这仅仅是对工作的敷衍行为，作为客户不但没有感觉到欢迎之意，相反还会感觉受到冷落。因为目光生成于内心，一个热爱生活和工作的人的目光才具有吸引力，才能够传情达意。

（2）要稳定住目光。收银员千万不要上下打量别人或眼珠转来转去。上下打量意味着挑剔和审察，没有人希望自己被别人这样看。如果是男士上上下下地打量一位女士，肯定会让人觉得他不怀好意，另有企图。注视别人时眼珠若转来转去，会给人心里盘算坏主意的感觉，而且很难使人产生信赖感。

（3）要目光和语言相统一。现在很多服务企业都注意使用礼貌用语，甚至开始制作企业的"话术模板"，这样的确可以使服务变得规范和严谨，但如果忽略了目光甚至整个面部表情的配合，那么，多么无懈可击的服务语言都会变成冷冰冰的，很难被客户喜欢和接受。因此，要学会用目光配合语言，用目光提升语言的价值，使两者完美结合，以获得最好的服务效果。

"目中无人"透着一种教养、一种态度，是因内心的善和美而启动的行为，通过训练可以掌握它的要领。但若想打动别人，就需要心灵的契合，懂得尊重别人等于尊重自己，而目光是体现这种态度最简单易行的方法。

任务二　收银服务语言

语言也是收银员礼仪的具体表现形式之一。语言是人与人之间进行交流与沟通的重要手段，通过语言交流可以反映出一个人的素质与修养。收银员工作在复杂的商务环境中，每天要与众多的客户打交道，正确使用文明礼貌用语，不仅可以体现自己的素质和修养，而且可以提高自己的服务水平和质量。因此，掌握服务中的语言规范对收银员来说是非常重要的。

一、服务语言规范

（一）讲究礼貌

恰当地使用礼貌用语会提升语言品质，同样的话语只要在前面加个“请”字，客户受尊重的感觉就会油然而生。例如“这边走”和“请往这边走”两句话同样是为客户指引方向，但客户听起来的感觉是不尽相同的。

（二）恰到好处

服务不是展现个人语言能力的舞台，也不是彰显自己嘴皮功夫的时候，因此必须清楚：有些话可说，有些话最好不说，要把握语言交流的分寸。收银员在工作中要确保自己的语言与服务有关，简明礼貌地表达服务内容即可。

（三）音量适中

使用服务语言中，一定要声音柔和清晰，且音量适中。有些收银员很腼腆，说话的时候声音非常小，这使客户听起来十分费劲，而且也有不愿为其服务之嫌。声音服务讲究的就是声音洪亮，但现在随着客户需求的不断变化，服务要求也在变化之中，在讲话时声音要适中，既要确保客户可以听到，又要保护客户的私密信息。

（四）语言规范

在为客户提供服务时应尽量使用普通话，这是最规范、易懂、通行的交流语言。另外，遣词造句要文雅、准确，不能使用比较粗俗的语言。

（五）及时周到

语言讲究时效性，在适当的时间用适当的语言是最有效果的，有的时候，错过了绝佳的时机再说可能就会大打折扣。

请对比以下三种在不同时机下问候的效果：

第一种，客户进店，收银员正在擦拭柜台，连忙放下手中的工具，走上前去与客户的目光相对，并且在相距 3 米左右的位置热情地问候：“早上好，欢迎光临。”客户会被这一声响亮的招呼所打动，心情也愉悦起来，立刻微笑回应：“早上好。”

第二种，客户进店，收银员看到了没有什么表示，把眼皮垂下继续擦拭柜台，直到客户走到近前才说：“早上好，欢迎光临。”客户什么都没有说，像没听见一样。

第三种，客户进店，收银员仍在擦拭柜台，客户突然说：“早上好。”收银员吓了一跳，连忙回应：“早上好。”客户阴阳怪气地说：“你们这里见到客户爱搭不理，还得客户问候你们，生意能好才怪呢。”说完掉头就走了。

因此，体现出服务品质的关键在于服务语言的及时周到。

(1) 客户来店有欢迎声。这是迎宾时一个非常重要的礼节，服务企业对此应尤为看重。在客户到来时有热情的欢迎声，这是创造良好“首轮印象”的关键之一。一句“您好，欢迎光临”，会使客户有被服务的感觉。

(2) 客户离店有道别声。客户在离开时，要礼貌道别，不能让客户有来时热情欢迎，走时无人搭理的感觉。服务不是为了一次而已，客户也不是只来一次，为了让服务有善始善终的连贯性，最后的道别是很重要的，因为凝固在客户脑海中的记忆也许就是服务最后的这个环节。

(3) 客户帮忙或表扬有致谢声。对于客户的帮忙、配合要表示感谢，客户并无帮助的义务，如果他们做了要及时感谢，这样也会鼓励更多的客户配合收银员共同营造轻松愉快的服务氛围。另外，在客户对服务、人员、环境、程序等提出表扬时，收银员要代表个人和企业向客户表示感谢。

(4) 服务不周有道歉声。客户并不是对所有的服务过失都不能原谅，他们不能原谅的是那些推脱责任、无视客户伤害的事情和人。如果明白了这一点，我们就该知道，当发生一些服务不周或误会时，及时道歉是最为重要的事情。

(5) 客户呼唤有回应声。当听到客户呼唤时，无论是不是自己负责服务的客户，无论手边是不是有工作，都应该予以回应，客户在接受服务过程中最易投诉的现象就是招呼不理。因此，当客户呼唤时要有回应的声音，哪怕在回应后无法立即服务，客户也会理解，但无人搭理往往是容易激怒客户的。

二、服务语言的分类

服务语言作为一种有效的服务工具，适用范围非常广泛，大致可以分为以下几类。

(一) 称谓语

在与客户初次见面或者迎宾时首先需要采用得体的称谓语，如女士、小姐、先生、夫人、太太、大姐、阿姨、师傅、教师、大哥等。

(1) 在一般服务场合比较通用的称呼是“先生”“小姐”“女士”，这样的称呼听上去既有礼貌又能够被大多数人所接受。

(2) 使用称谓语，符合对方的心理需求，让对方听来感觉亲切。例如有些老年人，称呼他们“大爷”可能就比“先生”亲切，“先生”对于很多老年人来说感觉比较有距离感。

(3) 具有针对性。如果有些客户是熟悉的客户，或从客户的交谈中已经确知了对方的身份，称呼其“教师”“局长”就比称呼“先生”更让对方感觉有针对性。

(二) 问候语

一声热情亲切的问候往往是一次优质服务之旅的开端。问候语包括：您好；早上好；中午好；晚上好；国庆节快乐；中秋节快乐；圣诞快乐；新年好；元宵节快乐；欢迎光临等。

(1) 问候语言可以单独使用，也可以组合使用。例如，可以问候客户“先生您好”，也可以问候客户“您好，新年快乐”。

（2）把握时机。问候语应该把握时机，在与客户目光相对时开始问候，或者距客户1.5米～3米的距离进行问候最为合适。与客户相距较远时，声音无法传递到客户的耳朵里，就不要大声呼喊问候，微笑点头示意也是非常好的打招呼的方式。

（3）配合肢体语言。对客户进行问候时要根据实际情形选择点头致意或鞠躬致意两种方式，要有热情的目光和亲切的微笑，呈现一致性的问候。

（三）征询语

征询语就是征求意见的询问语。例如在服务过程中需要询问客户的意见：“请问，您需要购物袋吗?”又如：“请问您有会员卡吗?”征询语是服务程序之一，征询是为了体现对客户的尊重，尊重客户的想法，不能省略，也不能依据常规思维为客户直接服务。

（四）拒绝语

拒绝对于收银员而言是比较困难的一件事情，说肯定、好听的话容易，拒绝时却很难令人满意。例如，有些客户在商场购买商品时，希望享受更低的折扣，就会和收银员商量：“你帮我把零头抹了吧。”或者提出信用卡套现要求，说：“我多刷1000元，你给我980元现金，另外20元算给你的手续费，急着用钱，帮个忙吧。”类似这样的情形常常让收银员感到很棘手，明显违反了工作规范，但是客户死磨硬缠，不知如何是好。遇到这种情况，就需要在语言上多斟酌一些，可以说：“女士，我也特别想为您争取更低的折扣，但我现在还没有这样的权力，少收了钱只能我自己补，所以实在不好意思。”使用拒绝语言应注意以下几点：

（1）语言尽量规范而不随意，这样会给客户做事规范的印象。如果语言随意，客户既有可能认为是自己刚才的语言表达不够强烈，会再次用更强烈的语言提出来，这样就更难拒绝了。

（2）先理解、再否定。不要一上来就粗暴否定，而是要先理解或是认可客户的想法，再根据公司规定做出必要解释，然后表达拒绝和否定。

（3）措辞委婉。要照顾客户的情绪和颜面，注意用委婉的语言准确地表达拒绝的意思。

（五）指示语

在服务过程中，指示语是使用较为频繁的。例如，有客户询问某个柜台或者服务台等，应主动、热情地为客户指引方向：“服务总台在5楼，您请往这边走，坐电梯到5楼。”

指示语在对客户提供帮助时使用较多，应注意以下事项：

（1）语言礼貌。要在指示语的前面加上礼貌用语，如“往前走”与“请向前走”给客户的心理感受会完全不同，尽管他们都提醒客户向前走，在客户听来一个是命令，一个是提供服务。

（2）态度友善。语言是最能体现一个人的态度的，客户可以从语言的速度、音量、语调中感觉到收银员的服务素养，因此在使用指示用语时要让客户感觉到亲切的态度。

（3）手势配合。在为客户做方向指引时，单纯的语言指示有时客户仍找不到位置，必须配合手势，让指示更加清晰明确，同时可减少不必要的服务。如果只用语言说明，客户找了一圈找不到，仍会回来询问，这样不仅造成二次服务，同时也会影响客户的心情。

（六）答谢语

收银员不仅要在客户离店时使用答谢语，在客户提出表扬和感谢时使用答谢语，在客户提出批评和建议的时候也要使用答谢语。

（1）客户离店时，无论客户购物与否，收银员要说："谢谢光临，欢迎下次惠顾。"

（2）客户表扬。当客户表扬某个收银员工作热情友好时，收银员不能羞涩地"嘿嘿"一笑，而应该落落大方地表示感谢。当客户赞扬企业时，也不要直接说"哪里哪里，我们做得还不够"，这等于告诉客户他没有眼光，所以，正确的做法是"谢谢您的认可，我们还需要更加努力，也请您以后可以多多关注我们，多为我们提些建议，谢谢您。"

（3）客户感谢。当客户感谢收银员或企业时，也要先感谢客户给予了服务的机会："谢谢您给我们服务的机会，这是我们应该做的，谢谢您的夸奖。"

（4）客户批评。当有些客户提出批评时，不要只顾解释，而是应该先感谢："谢谢您的建议，谢谢您的提醒，我们会及时向领导反映。"如果客户误会了，也要在感谢之后做出必要解释，感谢是针对客户关注我们的这种态度，而不是针对具体意见本身。

（七）提醒语

提醒体现着对客户的关切之情。当客户离开柜台时，提醒客户："请拿好您的物品，欢迎下次光临。"提醒语使用得恰当，会使客户倍感温暖和体贴。

——您买的这个东西是自己用还是送人的，要不要给您包装一下？

——这东西易碎，请您小心拿好，注意不要碰了。

——您的东西太零碎了，我帮您扎在一起好吗？

——这是您的东西，请拿好。

——请您保存好发票和小票。

（八）道歉语

当在服务过程中出现纰漏时，道歉语是必不可少的，及时道歉也是很容易获得客户谅解的。

（1）当客户提出批评意见时：

——谢谢您对我的帮助，今后我一定改正。

——刚才的误会，请您谅解。

——我们的服务欠周到，请您原谅。

——实在对不起，刚才我们那位同志服务态度不好，今后我们一定对他加强教育，我是某某，您有什么意见对我说好吗？

——真是对不起，我一定将您的意见转告给他。

——由于我们工作上的过失，给您带来了麻烦，请原谅。

——请您放心，我们一定解决好这件事。

——谢谢您对我们的帮助，我会将您提的意见向领导反映，改进我们的工作。

（2）因繁忙而接待不周向客户致歉：

——对不起，让您久等了。

——请您别着急，我马上给您结账。

——对不起，今天人多，我一时忙不过来，没能及时接待您。

——对不起，刚才一时忙，没听见您叫我，您请原谅。

（3）因工作失误向客户道歉：

——对不起，我把票打错了，我给您重打。

——对不起，刚才是我工作大意，弄错了价钱，我这就给您补上。

——对不起，刚才是我没仔细帮您装好，让您多跑了一趟，我这就给您重新包装。

——对不起，我们的工作还有很多不周之处，请您多多指点。

——对不起，耽误了您的时间，请您原谅。

——这个问题，我这里解决不了，请到客户接待室去反映，好吗？

（九）告别语

在讲到告别语时要特别强调服务中的末轮效应，也就是服务要善始善终，才会给客户留下美好的印象。好的服务感受并不特指某一时段、某一时刻，而是至始至终有稳定的服务品质，就如客户刚刚到来时收银员要热情问候，客户离开时也要以同样的热情道别。

——这是您的东西，请拿好，多谢！

——请您拿好东西，慢走。

——请拿好您的东西，再见！

——欢迎您再次光临。

——多谢您的惠顾，请走好。

——您买的东西较多，请注意拿好。

——小朋友，路上小心，注意车辆。

——请慢走，欢迎再次光临。

——谢谢您对我们的鼓励。

——再见，欢迎再来！

——多谢惠顾！

——欢迎提出宝贵意见，谢谢！

三、服务语言的禁忌

当我们知道礼貌用语可以帮助提升服务品质时，也应该注意有些不恰当的语言同样会降低服务品质。在服务场合中，有些话是不能说的，因为它会伤害客户，或者给服务增加不必要的麻烦。收银员在服务过程中，应做到以下几点：不说不尊重对方的话；不说不友好的话；不说不耐烦的话；不说不客气的话。

下面列出收银员禁用语。

1. 称呼禁用语

——喂?

——老者!

——小黑!

——哎!

2. 答复客户询问时禁用语

——你不会自己看吗?

——你买吗?快点，下一位。

——不知道。

——我不懂（会）。

——你问我，我问谁?

——有说明书，自己看。

——刚才和你说过了，怎么还问?

——价签上都写着呢，你不会自己看呀。

——我怎么知道，问别人去。

——不是告诉你了吗?怎么还不明白?

3. 客户犹豫时禁用语

——想好了没有?到底交不交钱?

——到底要不要?想好了没有?下一位。

——要买就快点。

4. 业务忙时禁用语

——没看我这正忙着呢，着什么急?

——喊什么，等会儿。

——越忙越添乱，真烦人。

——钱不够就别买。

——真能凑热闹。

——要买快说，不买靠边，下一个。

5. 收款时禁用语

——怎么不早点准备好。

——交钱，快点。

——没零钱了，自己出去换去。

——拿零钱来。

——没钱找，等着。

6. 下班时禁用语

——今天不结了，明天再来吧!

——款都交了，不收了。

——不结了，马上就要关门了。

——别排队了，马上就要关门。
——下班了，快点买。
——没有零钱，无法卖。
——到点了，你快点儿。

7. 发生冲突，受批评时禁用语

——我就这态度！
——有意见，找经理去。
——你管得着吗？
——有能耐你去告，愿上哪儿告就上哪儿告。
——有意见下次别来买。
——上面有领导，你随便找。

表 2-4 为收银员服务用语与服务禁语对照表。

表 2-4 收银员服务用语与服务禁语对照表

服务用语	服务禁语
对不起，我没听清楚，请您再说一遍好吗	哎，你说什么，大声点
对不起，这事我不太清楚，我帮您问一下	没听说过，不知道，问别人去吧
你好，我来整理吧	别乱堆乱放
请稍候，马上就好	忙着呢，等会儿
这件事，我帮您找一下主管	这事我不管，你也别问我
您再考虑一下，要不要，没关系	到底要不要，想好了吗
请您带好您的商品和小票，如果有问题请凭小票来解决	哎，你的小票，拿着
对不起我这里零钱不够了，您可能要稍等一下，或者请问您有零钱吗	你有零钱吗？买东西也不带零钱
对不起，我先例行一下（止付）手续，请稍等	查一下给不给授权，等着
对不起，您的卡需要授权，时间可能长一些，实在不好意思	你的卡真麻烦，这么难刷
对不起，耽误您时间了	都是你耽误大家的时间
请您签字，麻烦出示身份证，请收好您的卡和身份证	签一下字，拿身份证看一下
对不起，麻烦您再签一次好吗	不清楚，再签一次
对不起，这张卡暂不能用，已经列入止付名单，具体情况您需要向银行查询一下	你这卡上黑名单了，不能用
对不起，您的卡银行没有给予使用授权，您是付现金，还是再换一张卡	你的卡不能用，拿现金付款
对不起，按规定使用支票购物三天之后才可以取货，请您谅解	回去吧，三天后回来取货
对不起，我们已到了下班时间，不过您别着急，我给您把账结完	该下班了，快点
如果有问题，请尽快通知我们，请带好小票	有问题你找售后，我管不着
希望我的服务您能够满意	嫌我服务不好，你找别人

四、收银员服务用语在工作中的应用

规范的服务用语在收银工作中会起到良好的效果，会提高收银员的服务质量，会提升企业知名度，会给企业带来回头客，从而为企业实现经济利益和社会效益。因此，在日常收银工作中，收银员要根据不同的情况使用不同的服务用语。

（1）当客户前来结账时，要主动跟客户打招呼：“您好！欢迎光临！”“早上好！”“中午好！”“下午好！”“晚上好！”

（2）当称呼客户时，要根据客户的性别、年龄不同称呼客户“先生”“小姐”“女士”“阿姨”等。

（3）当为客户结账服务时，要做到唱收唱付服务：

“您的商品共计是××元。”

“收您××元。”

“找您××元，请拿好。”

（4）当客户结完账离开时，要主动欢送客户：“请慢走，欢迎再次光临！”“谢谢，再见！”

（5）当客户排队等候时，应歉意地对客户说：“对不起，让您久等了！”

如果让客户久等了，应很诚恳地向客户说“真是对不起，让您久等了”并行鞠躬礼。

【案例】

某客户到超市购物，由于收银机上的零钱不够，客户就等着收银员去换零钱，等了老半天收银员才来，客户不耐烦地说：“怎么等这么久，怎么搞的？”收银员回答道：“谁叫你不带零钱。”

思考：

你认为这名收银员的做法对吗？如果是你，你会怎么做？

（6）当被客户催促时，应态度温和地对客户说：“实在对不起，马上就好。”“对不起，让您久等了。”“请再稍等一下。”

（7）当暂时离开收银台时，要将“暂停服务”牌放在收银台的醒目位置上，并礼貌地对后面来的客户说：“抱歉，请您到其他款台结账。”同时，须告诉客户离开的理由。

（8）当重新回到收银台时，马上招呼临近款台正在排队的客户到自己的款台结账，并抱歉地对客户说：“真对不起，让您久等了！”

（9）当客户在叙述事情或接到客户的要求时，不能默不吭声，必须有所表示，如“是的”“好的”“我知道了”“我明白了”。

（10）因工作疏忽给客户带来不便时，要真诚地向客户致歉：“实在对不起，抱歉……今后我会注意，请您原谅。”

（11）希望客户接受自己的意见时，要语气温和地对客户说：“若是您喜欢的话，请您……”还可以说：“实在是很抱歉，请问您……”最后可以询问客户的意见：“请问您的意见如何？”

（12）当有客户表示想要先结账时，要面带微笑，征求前面客户的意见：“对不起，后面的那位客户有急事，能不能先让他结账?”客户同意时要真诚致谢：“谢谢您!”若客户不同意，则安慰想要先结账的那位客户：“请稍等一下，很快就能排到您。”

（13）当遇到客户抱怨时，应主动向客户致歉，并给予建议：“对不起！您要的商品现在正好缺货，让您白跑一趟。您要不要先买别的品牌试一试?”“请您留下您的电话和姓名，等货到时我们马上通知您。”

（14）当遇到客户询问时，若清楚客户的问题，应详细给客户讲解；若解答不了客户询问的问题，应略带歉意地对客户说：“对不起，你问的问题我不清楚，请您稍等一下，我会请主管或店长来为您解答。”

（15）当有客户怀疑商品有问题时，应以肯定、确认的语气告诉客户：“您选的这件东西应该没有问题。如果您买回去不满意，您可以随时拿回来退换。”

（16）当遇到客户要求包装礼物时，应微笑着告诉客户：“请您先在收银台结账，然后您到前面的服务台（同时应以手势引导，手心朝上指向服务台方向），会有专人为您服务的。”

（17）当客户询问特价商品的情况时，要先介绍1～2种特价商品，同时出示宣传快讯给客户看，并告诉客户：“这里有详细的特价商品内容介绍，请您慢慢参考选购。”也可以说“您好，在××处贴有特价传单，您可以参考。”

（18）遇到了熟悉的老客户时，应微笑着对客户说“谢谢您，欢迎您再次光临本店”并面对客户点头示意。

（19）当有客户吃未结账的商品时，要委婉地对客户说：“对不起，本店有规定，没有结账的商品不能食用，请您付款后再食用好吗?”

【案例】

有位女士在等待结账的时候，可能是由于饥渴的缘故，便顺手将购物篮中并未付款的酸奶拿出来饮用。这时，收银员小张微笑着对这位女士说：“对不起，女士，请您付款后再吃喝好吗？谢谢！”

思考：

你认为收银员小张这样做对吗，为什么？

（20）当客户携带的现金不足以支付货款时，不要责备客户，应态度诚恳地对客户说：“看一下，您还有别的支付方式吗?”如客户没有其他支付方式，则建议说：“您是否只选择其中部分急用的商品？其他商品等下次来再买。”

（21）当发现客户有焦急的表情或者有不舒服等症状时，应主动上前询问：“女士/先生，请问有什么可以帮助您的吗?”或“女士/先生，您需要什么帮助吗?”“女士/先生，您是否有些不舒服，我能为您做点什么吗?”等等。

（22）当有客户的商品散落到地上时，应该主动上前，弯腰或下蹲帮助客户收拣商品，并关切地说道：“没伤到您吧？您要小心点，我来帮您……”而不应该装作什么都没看见。

（23）当发现客户有生鲜商品未计价时，应礼貌地告知客户“您好，××商品没有计价，请（麻烦）您去××地方计价”或“您好，××商品没有计价，我请人帮您去计价，请您稍等”。

（24）当发现客户有开单区的商品未结账时，不要埋怨客户，而应礼貌地提醒客户：“您好，××商品没有结账，请（麻烦）您去××地方结一下账。”“您好，××商品没有结账，请您去结一下账，先将其他商品放在这里，回来给您优先结账。”

（25）当发现商品价格错误时，应礼貌地对客户说：“对不起，××商品价格有误，我请人帮您去重新计价，请您稍等。”当商品重新计价回来时，应歉意地对客户说：“实在对不起，这是我们工作的失误，让您久等了。”

◇同步实训◇

1. 结合所学内容，练习收银员着装、站姿、坐姿、行走、手势、表情、行礼等规范，并分组练习收银服务用语。

2. 以下是一些收银员在工作中的表现：

（1）当客户请求帮忙捆扎商品时，收银员回答：“忙着呢，没时间！”

（2）当客户抱怨某件事情时，收银员回答：“这事跟我没关系，管不了！”

（3）当客户询问有关场所时，收银员用下巴指示方向，并说道：“在那边！”

（4）当客户问：“我买的东西都装进袋子里了吗？”收银员答道：“刚才你没看见吗？全都装进去了！”

（5）当受到客户责问“你有没有搞错”时，收银员回答道：“不可能有错！”并带着不情愿的表情核对商品，当确认是客户的错误时，取笑客户。

问题：你认为上述收银员的回答合适吗？如果是你，你会怎么做？

3. 情景模拟，两名学生分别扮演客户及收银员，通过模拟熟悉收银员的服务用语：

客户进店，走到附近收银台问收银员：“喂，小姐，你们超市今天有什么促销活动？”收银员：“有啊，今天金龙鱼油一桶只卖40元，富士苹果1.3元/斤，这里有详细内容，请您慢慢参考选购。”同时，拿出一份宣传单递给客户。

客户选购完商品，在出口处东张西望找人少的收银台。收银员看见后说：“欢迎光临，请您到这里结账好吗？”

客户来到收银台，收银员帮客户将所有商品放在收银台上，并一一扫描结算，总计金额206元，并对客户说：“您的商品共计206元。”客户掏出210元，收银员收钱同时唱收“收您210元”。正确找出零钱后将零钱及小票交到客户手里，并唱付“找您4元，请收好，欢迎下次光临”。

客户拿到钱后对收银员说：“你们这里鸡蛋只卖3元，晓得新不新鲜？”收银员回答：“一定新鲜，如果买回去不满意，欢迎您拿来退钱或者换货”。

4. 课堂讨论题

5月1日，某大型超市内人头攒动，因为过节，所以来购物的人特别多。除了卖场之外，人最多的地方莫过于收银台了。平均每个收银台前都有将近20位客户。此时的收银员都忙碌而有序地收着款。突然在3号收银台前，客户与收银员发生了争执。原来是该收银台的收款机突然死机，导致收款工作停止。这时，收银主管赶到现场，先安抚客户情绪，询问客户后得知，他并不是因为暂时无法收款而生气，而是看见该名收银员在这种情况下所表现出来的职业素质令他气愤。他说，该名收银员在突然死机后一句话都没说，低头清理钱箱，有人问怎么不收了，她拍着收款机说："你没看到啊，计算机坏了。"过了几分钟，她既没处理收款机故障也没安抚客户的情绪，自己做自己的事情。这位客户忍无可忍才和她争执起来。"对不起，我们一定会检讨我们的工作失误，对这名收银员强化培训服务礼仪方面的知识。那麻烦您到旁边收银台交款。"收银主管面带微笑地对客户说。这时 3 号收银台的客户分散到其他收银台交款，现场恢复了秩序。

事后，该名收银员接到了处罚单，并被要求培训一个月的服务礼仪课程。如果你是收银员，正确的做法是怎样的呢？

项目三　收银作业程序

学习目标

1. 了解收银常用术语。
2. 熟悉收银特殊业务操作。
3. 掌握收银工作流程。
4. 掌握总收款室工作流程。

任务一　收银工作流程

一、收银作业常用名词术语

商品：商场、超市等零售企业卖场内货架上陈列的、等待出售的物品。客户必须在收银台付款结账后方能取走自己选购的商品。

赠品：商场、超市自身或供应商在卖场内提供给客户的免费产品。赠品一般在产品本身的外包装明确有“非卖品”“试用（吃、饮）装”“赠品”等标识，或是与商品进行捆绑包装销售的物品。

已付款商品：对于家电、精品、香烟、酒类等专柜销售的部分商品，客户在其专柜收银机上已经付款结账，在出口处收银台不需要再另行付款结算。已付款的商品有发票或收银小票为凭证，并符合特定的包装。

未付款商品：一是指客户在结账时因某种原因不要的，存放于收银台内的商品；二是指由于收银员工作失误或客户疏忽大意没有扫描结账，被报警追回的商品。前者必须放置在收银台指定位置；后者追回后重新扫描结账。

现金：专指狭义上的现金——人民币，是客户购物结算时采用的一种支付方式。收银员可直接接受人民币现金付款结算，并执行现金收款程序。

银行卡：由银行发行的、具有支付功能的磁卡，分为信用卡和借记卡两种。银行卡可以购物消费，收银员可直接接受银行卡付款结算，并执行银行卡收款程序。

储值卡：又称优惠卡，是零售企业为促进销售、方便客户购物而发行的企业内部卡，可代替现金购物消费，属于客户结算的一种支付方式。收银员可直接接受储值卡刷卡结算，并执行储值卡收款程序。

支票：属于转账支付凭证，一般是具有银行户头的团体消费者采用的支付方式。收银员不能直接接受支票付款结算，必须在收银主管的授权下，在指定收银台按指定程序进行操作。

会员卡：是实行会员制的零售企业为鼓励消费而发行的表明会员身份的卡片，一般分为折扣价会员卡和会员价会员卡两种。会员卡本身不含有资金，不能单独使用，只能作为会员凭证和以上几种支付方式同时使用。

零用金：也叫备用金，是营业收银机钱箱内准备用于找零的一定数额的周转资金。零用金维系着每台收银机结算业务的正常运转，由总收款室负责准备。

兑零：营业期间，为零钱不足的收银机兑换零钞的服务。兑零一般由收银主管负责。

设零：设零是指收银员上岗前（包括每日营业前和营业间重新上岗前），必须设置一定数额的起始零用金，并将设置好的零用金放在收银机的钱箱内。每台收银机的起始零用金是相同的。设零的目的是为了保证商场、超市营业时，所有收银机可以进行收款找零结算服务。

购物袋：用以包装商品的塑料袋。购物袋属于有偿使用。国家规定，自 2008 年 6 月 1 日起，在全国范围内所有超市、商场、集贸市场等商品零售场所一律不得免费提供塑料购物袋。

暂停收银：指营业期间，收银员暂时离岗停止收银作业。暂停收银时，需要提前将"暂停收银"牌向着客户排队结账的方向示出，以免客户继续排队结账。

销售小票：即商品销售凭证，是由商场营业员开出的，客户购物时用以在收银台付款结账的凭证。销售小票通常为两联，一联为柜组留存；另一联为收银台留存。主要包括商品编码、商品名称、售价、数量、金额等信息。

收银小票：又叫计算机小票，即收银机打印出的商品销售清单。客户付款结账后，收银机会依据商品的扫描顺序打印出一份商品销售清单，习惯称作收银小票，包括商品编码、商品名称、单价、数量、金额等信息。不提供销售发票的超市，必须给每一位付款后的客户提供与其所购商品相符的收银小票。

销售发票：零售企业在销售商品确认收入时给客户开具的收款凭证。国税部门规定：凡从事商业经营的单位和个人向消费者销售商品时，销售额在 10 元（含）以上的，无论消费者是否索要发票，都必须逐笔按规定开具发票。

清洁用具：抹布、清洁桶是收银区域每日清洁卫生的主要清洁用具。

特价信息（传单）：含有企业促销活动和商品优惠信息的一种印刷品。收银员可按规定发放给客户，或熟记其中的内容对客户进行宣传。

退换货办理：为客户办理退换货的一种服务。收银员不能直接在自己的收银机上进行退换货办理，只能在规定的地方和规定的收银机上由授权人员办理。

二、收银前的准备工作

收银工作是一项细致而严密的工作，因此做好收银作业前的各项准备工作是十分必要的。商场、超市等零售企业每日开门营业前，收银作业区内需要做好以下准备工作。

（一）清洁整理收银作业区

营业前，收银员应对收银台及其周边区域进行认真仔细的清洁整理，清洁整理的范围包括：

（1）收银台台面及侧壁。

（2）收银机、扫描器等收款设备。

（3）收银台四周地板、垃圾桶等。

（4）收银台旁边的商品柜。

（5）购物篮、购物车放置处。

（二）整理补充收银必备物品

收银作业所需要的物品主要包括：

（1）点钞油、海绵缸。

（2）发票、签购单、空白收银条。

（3）购物袋（各种尺寸）。

（4）消磁取钉器和CD取钉器。

（5）各式记录本及表单。

（6）胶带、胶水、干净抹布。

（7）笔、便条纸、剪刀。

（8）订书机、订书针。

（9）现金布袋。

（10）警铃、号灯。

（11）“暂停收银”牌。

（12）其他的所需物品。

收银员应对以上必备物品进行逐一清点，如有缺失，要及时补充。

（三）整理补充商品柜的商品

及时整理、补充收银台旁边商品柜上的商品，如口香糖、巧克力、电池、报纸等客户能随手选取的小商品。

（四）准备钱箱内的零用金

1. 各种面值的纸币、硬币。

2. 设零的程序。

（1）上岗前领取起始零用金。

（2）当面清点准确并放入钱箱。

（3）关闭收银机钱箱。

（五）检查收银机运行情况

收银机开启后，收银员应认真检查收银机运行是否正常，主要应检查以下项目：

（1）收银机主机运行是否正常。

（2）主显示器与客户显示器是否正常显示。

（3）打印机装置是否正常。

（4）工号与日期是否正确。

（5）机内的程序设定和各项统计数值是否正确或归零。

（6）收银机与后台服务器连接是否正常。

（7）网络信息传输是否正常。

（六）检查银联POS刷卡机和消磁设备

银联POS刷卡机和消磁设备是收银工作的重要设备，因此一定要做好营业前的各项检查，以免影响收银工作。检查的主要内容包括：

（1）检查银联POS机的连线是否正常。

（2）检查银联POS机是否放置了银行卡签购单。

（3）检查消磁设备开机后是否可以正常工作。

（七）检查收银员的仪容仪表

收银台是企业的服务岗位，收银员的仪容仪表代表着企业的形象，因此检查收银员营业前的仪容仪表是一个很重要的环节。检查内容包括：

（1）着装是否规范得体。

（2）发型、仪容是否清爽整洁。

（3）胸卡佩戴是否到位，是否持证上岗。

（八）熟悉当日促销活动的安排情况

商场、超市等零售企业经常搞各种各样的促销活动，作为一名收银员，宣传、推广本企业的促销活动是其职责之一。在宣传、推广促销活动时应注意以下几点：

（1）当客户所购商品的金额已接近这次活动所需金额时，收银员应该提醒客户再选购一些商品就可以得到这次促销活动的某种优惠或赠品，这样可以使客户得到某种意义上的满足与尊重。

（2）收银员应将当日促销活动的主要注意事项简要告诉客户，如截止日期、所需的购物金额等。

（3）促销活动一般有“累计”计算和“不累计”计算之分。在“不累计”计算的促销活动中，收银员应注意对此进行宣传，以免与客户之间因误会而导致的一些不愉快场面出现。

（4）收银员应明确购物折扣的对象。如使用会员卡的购物折扣所包含的商品、会员卡与其他购物卡是否可以合并使用，购物折扣的有效日期等。

三、收银中的作业操作

（一）商场收银作业操作

商场通常实行开放式售货经营，客户购物结算是凭营业员开出的销售凭证到收银台交款。收银员应按照规定的收银作业程序接待客户，为客户提供结算服务。

（1）开机登录：依次打开 UPS、显示器、主机及其他设备电源，输入自己的员工号和登录密码，进入商品交易窗口，准备收款作业。

（2）欢迎客户：有客户前来收银台交款结账时，面带微笑，声音自然地向客户问候："您好，欢迎光临！"双手接过客户的销售小票。

（3）录入商品：根据营业员开出的销售小票，录入商品编码和数量，收银机自动调出销售商品信息，按"结算"键计算出商品应收款金额，然后告知客户："您共计消费××元。"

（4）唱收钱卡：客户以现金付款，应点清钱款，确认金额，并检查是否有伪钞、残钞，然后对客户唱收："共收您××元。"如客户以储值卡或银行卡付款，则按储值卡或银行卡的收款程序进行刷卡结算。

（5）唱付找零：输入实收金额，按回车键，显示找零金额；打开钱箱，放入整钞找出零钱，关闭钱箱，打印发票，双手将找零钱或卡、发票、销售小票一同交给客户，同时唱付："找您××元，请拿好发票。"

（6）答谢客户：客户转身离去的同时，主动向客户表示谢意，如"谢谢光临""欢迎您再次光临"等。

（二）超市收银作业操作

超市的经营结算模式不同于商场。超市通常是在一个相对封闭的销售区域内实行开架售货，客户结账时需带着自己选购的所有商品，到卖场出口处的收银台一次性付款结账。收银员应按照规定的收银作业流程接待客户，为客户提供结算服务。

在收银工作中，收银员不单纯是为客户提供结账服务，还包括：对客户的礼仪接待及提供咨询服务，先进的作业管理，促销活动的推广，商品损耗的预防以及与超市安全管理的配合等。这些活动都贯穿于超市收银员的整个工作流程中。

（1）开机登录：依次打开 UPS、显示器、主机及其他设备电源，输入自己的员工号和登录密码，进入商品交易窗口，准备营业收款。

（2）欢迎客户：有客户前来收银台交款结账时，面带微笑，声音自然地向客户问好："您好，欢迎光临！"

（3）扫描商品：手持扫描枪逐一扫描商品（或手拿商品对准激光平台扫描），将商品信息输入收银机，核对屏显信息与商品是否一致。

扫描完毕，询问客户是否需要购物袋，如客户需要，则将购物袋的费用录入收银机。按"结算"键，查看收银机显示的销售金额，告知客户："您共计消费××元。"

（4）商品消磁：扫描商品的同时，对所有商品进行消磁处理。消磁时在消磁板上翻转商品，进行彻底消磁。有防盗硬标签的商品每扫描一个就取一个，并将其收好以便再次利用。

（5）唱收钱卡：客户以现金付款，应点清钱款，确认金额，并检查是否有伪钞、残钞，然后对客户唱收："共收您××元。"如客户以储值卡或银行卡付款，则按储值卡或银行卡的收款程序进行刷卡结算。

（6）唱付找零：输入实收金额，按回车键，显示找零金额；打开钱箱，放入整钞、找出零钱，关闭钱箱，打印发票或小票：双手将找零钱或卡、销售发票或小票一同交给客户，同时对客户唱付：“找您××元，请拿好发票。”

（7）答谢客户：客户转身离去的同时，主动向客户表示谢意，如“感谢光临”“欢迎您再次光临”等。

四、收银后的作业操作

收银工作结束后，应及时按规矩上交营业款。

（一）填写资金交款单

每班收银员下班时，应将自己当班期间所收的营业款项进行结账处理。将货款与“收银员销售统计表”核对无误后，根据货款的不同分别填制现金、支票、银行卡、优惠券交款单。交款单两联，第一联由总收款室盖章后交给收银员；第二联由总收款室留存。交款单上面的日期、交款单位、收银员工号、姓名、资金来源、金额、收银台编号应分别填写清楚、完整。

不同资金的交款单按不同的要求分别填写：

（1）现金。根据现金实收数额填写“现金交款单”，如有长款，长款须填写“长短款报告单”并上交，短款则由收银员自己负责补齐。

（2）支票。一张支票填写一份“支票交款单”，在“备注”一栏要注明银行名称和支票号码。

（3）银行卡。根据 POS 签购单的数量填写“银行卡交款单”，在“类别”一栏注明银行卡的类别。

（4）优惠券。根据出券单位的不同分别填写“优惠券交款单”，并在“备注”一栏注明收银台编号和出券单位的名称。

（二）上缴营业款程序

（1）收银员将收银机内的现金、支票、银行卡签购单、优惠券等清点清楚，分别填写好交款单，并装入现金钱袋中，送往总收款室。

（2）至少两人以上或在保卫人员的护送下走指定路线交款。交款时要提高警惕，不得在中途嬉戏打闹，停留聊天，大声喧哗。

（3）收银领班要在收银员交款时维持秩序并负责安全等工作，在本班（组）收银员未交完款时不得擅离职守。

（4）总收款人员收取收银员上交的现金钱袋，记录交款收银员的收银机号码和交款时间。

（5）打开现金钱袋，将现金、支票、银行卡签购单、优惠券的相关交款单分开，分别处理资金和相关单据，并登记“收银结班明细表”。

（6）安排专人复核所有现金和相关单据的处理工作是否正确。

表 3-1 为收银结班明细表。

表 3-1　收银结班明细表

年　月　日　时　分

公司名称：　　　　　　　　总收款室负责人：　　　　　　　　收银主管：

收银机号	时间	支票	银行卡单	其他有价证券
编号	项目	面值	数量（张）	金额
	现金	100.00		
		50.00		
		20.00		
		10.00		
		5.00		
		1.00		
		0.50		
		0.10		
		金额合计		
	初点人		复核人	
	非现金	（1）支票		
		（2）银行卡单		
		（3）优惠券		
		（4）其他		
		非现金合计		
		登记人		
	总计			
	复核金额			

五、收银稽核管理

（一）收银稽核的目的

收银作业中的每一个步骤、每一个环节，都是为了让商场、超市等零售企业在现金管理上有良好的制度和规范。但是良好的制度如果不能予以有效地执行，尤其是工作中人为疏忽或是舞弊行为，都将影响到企业的经营和发展。为了及时发现收银作业中的人为弊端，矫正收银员在工作中的不良习惯及错误的操作程序，商场、超市等零售企业应设立专门人员负责进行收银稽核管理。

（二）收银稽核的内容

（1）收银作业抽查。为了考核收银员在为客户提供结算服务中的工作表现，稽核人员（或店长）每天应在不固定的时间随机抽查收银作业情况。抽查项目包括：

检查每个收银台的必备物品是否齐全。

检查每名收银员的服务礼仪是否良好。

检查每名收银员是否遵守“收银员作业守则”。

检查收银机结出的营业款总数与实收金额合计是否相符，并将检查结果登录在“收银机抽查表”上。

核对总营业金额，与该收银台“折扣记录单”记录的总额是否相符，以及收银员是否私自给予客户过多的折扣额。

检查收银机内各项密码及程序的设定是否有更改，以免收银员利用收银机进行舞弊。

（2）清点金库现金。清点金库内所有现金及准现金的总金额，并与“金库现金收支本”登记的总金额对照看是否相符。其清点范围除了大钞现金之外，还应包括小额现钞及零钱袋。

此项稽核作业可以避免负责金库的相关主管人员挪用公款。

（3）检查每日营业结算明细表的正确性。每日结完当日营业总账后，必须将当日营业的收入情形予以记录，做好“营业结算明细表”，以作为相关部门在执行会计作业时的依据。因此，“营业结算明细表”登录的正确与否，将影响到店内各项财务资料的计算以及日后营业方向的参考。

（4）核对“大钞预收记录本”与“金库现金收支本”。营业中，每台收银机过多的现金大钞按规定必须提前收回金库保存，这就是收银作业中的大钞预收环节。每次预收的现金大钞，必须依据“大钞预收明细登记表”登记“大钞预收记录本”，同时登记“金库现金收支本”。

由于前者是由收银员与收银主管对点记录，而后者则是由总收银员负责登记的明细账簿，因此，稽核人员必须检查“大钞预收记录本”与“金库现金收支本”的记录是否相符，以防大钞预收环节出现纰漏，同时查核相关人员对于现金收支的处理是否诚实。

任务二　总收款室及特殊业务操作

一、总收款室业务操作

为配合卖场收银工作的顺利开展，商场、超市等都设有总收款室。总收款室的主要业务是准确、准时地处理和结算企业每天的营业资金；计算并处理收款差异；与财务部和开户银行及时对账；为卖场各收银台准备零用金；每天向企业管理层提供相关的收银情况报表和报告。

（一）总收款室岗位职责与管理

1. 总收款室岗位职责

（1）总收款室本着为前台一线服务的宗旨开展工作，严格按照规范程序进行业务操作。

（2）收取各收银台交回的现金交款单、支票、银行卡单、优惠券等单据；定期与财务部和开户银行对账。

（3）在规定时间内，及时为每台收银机兑换零钱，保证正常收银找零的需求。

（4）核对各收银台应收账款与实收款的差额，查明长短款金额，整理收款单据，监督营业资金及时入账，及时汇总上缴情况。

（5）发放办公用品，保证各种信用卡打印凭条、POS签购单及银行对账单等及时到位。

（6）负责销售发票的领用、收回、检查等工作。

（7）在规定时间内，收取各收银台交回的支票、银行卡单、优惠券等相关单据，并分类汇总填写进账单；对收回的支票、银行卡单、优惠券分别处理。

支票：收到收银台交回的支票后，首先核对支票内容是否填写齐全、正确，并对每张支票进行登记，填写一式三联的“银行进账单”，然后交财务部背书后送存开户银行，取回进账单的回单送交财务部入账。

银行卡单：收回银行卡POS签购单，进行汇总整理并核对金额，无误后填写“银行卡汇计单”，分别计算出总金额、手续费、净金额等内容，送交银行卡部，取回汇计单的回单送交财务部入账。

优惠券：查验收回的优惠券盖章是否清晰，汇总核对无误后填写内部“优惠券送存单”，然后连同收回的优惠券一起送交财务部入账。

2. 总收款室岗位管理

（1）进入总收款室的员工必须经过授权或临时授权，未授权的人员不能随便进入总收款室。

（2）总收款人员执行秘密原则，包括保险柜密码、金库门密码、计算机操作密码等，均不得泄露给其他人员或总收款室的其他同事。

（3）总收款室的环境要安全可靠，包括门禁制度、防盗制度、资金存放、安全存款、资金安全进出等。

（4）任何时候，现金处理不得单独一人操作，必须两人以上一起进行；任何时候，总收款室不得一人留守，全体班次人员必须同进同出。

（5）总收款室最重要、最基本的工作原则是“准确原则”，并实行“银行化”作业，对各项业务的处理必须具有100％的准确度。

（6）银行卡签购单、支票、现金以及备用的零用金，必须存放在不同的保险柜或在保险柜中分开存放。

（7）当天的现金必须当日处理完毕，当天的工作必须当天完成。任何工作结束时，都应将所有现金放入金库保险柜中，工作台面上不得留有任何现金。

（8）知道保险柜密码的人都必须登记在册，任何一人辞职时都必须及时更换密码。所有保险柜钥匙不得带出总收款室。

（二）总收款室工作程序

商场、超市总收款室的工作分为营业前、营业中和营业后三个时段，每一个时段都有不同的工作程序。

1. 营业前工作程序

（1）早班人员到岗打开门禁系统，查看交接班记录。

（2）与银行交接钱袋，清点无误后，按取袋卡给收银员发放现金钱袋。

（3）打扫总收款室的卫生，并整理各种单据。

（4）发放发票及收银台办公用品，由收银主管签字。

（5）发放当值的收银机钥匙，由收银主管签字。

2. 营业中工作程序

（1）大钞预收并处理预收款。

1）按规定的时间进行营业期间的大钞预收。

2）将收取的预收款押送回总收款室。

3）迅速处理预收款，将每一袋预收款打开，一人清点现金、验钞、填单、签字；另一人复点现金、验钞、签字。

4）将所有清点准确的现金按币值分类整理好。

5）将相关数据输入计算机进行储存与处理。

（2）将预收款及时存入银行。

1）将已经整理好的现金如数交给前来收款的银行工作人员。

2）由银行工作人员现场清点现金、填制交款单据并签字盖章（注：银行收款过程中任何人不准进出总收款室）。

3）填制“收银员交款报告表”，与银行交款单一起送交财务部入账。

（3）为各收银台提供兑零服务。

1）按规定时间为各收银台提供兑零服务，通常上午班为10：00—10：30，下午班为16：00—16：30。

2）另外，营业期间根据前台收银员的需要，随时为收银员兑换零钱。兑零时双方要当场清点所兑现金，然后由双方签字确认。

（4）抽查收银机发票、退换单或小票，及时与财务部和银行对账。

（5）处理收银员班结交款业务。

1）每班收银员将收取的现金、支票、银行卡签购单、优惠券等清点清楚，填写交款单，一并装入现金钱袋中，送到总收款室。

2）总收款人员收取现金钱袋，记录交款收银员的收银机号码和交款时间。

3）打开现金钱袋，将现金、支票、银行卡签购单、优惠券的相关交款单分开，分别处理资金和相关单据。

4）由两人负责清点现金，一人清点，另一人复核，将所有清点准确的现金按币值分类放好。

5）填写“收银班结明细表”，并将现金、支票、银行卡签购单、优惠券等归类存放于指定位置。

6）将相关数据输入计算机进行储存与处理。

（6）处理前台收银差异。

1）打印“收银员销售统计表”，与现金、支票、银行卡单、优惠券等资金逐笔核对，找出所有的收银差异。

2）查对收银差异产生的原因，明确责任；长款须填写“长短款报告单”并上交；短款也须填写“长短款报告单”，并由收银员负责补齐短款后上交。

3）将处理结果在收银差异报表中进行记录，并上报企业管理部门。

3. 营业后工作程序

（1）结束当天的营业资金处理工作。

1）及时处理晚班收银员上交的现金钱袋，将现金、支票、银行卡签购单、优惠券等相关交款单分开，分别处理资金和相关单据。

2）将所有现金清点准确，并按币值分类整理好；记录交款收银员的收银机号码和交款时间。

3）将整理好的现金装入大钱袋，通知银行人员前来解款，并按规定手续与银行交接大钱袋。

4）将有价证券等凭证放入保险柜中，总收款室不能有任何处于“开放式”存放的资金凭证。

（2）汇总工作情况并填制相关报表。

1）确保全天所有收银机、所有上岗收银员的各项收款信息全部录入计算机。

2）打印出汇总后的相关报表，并由相关人员签字确认。

（3）结束当天的其他工作。

1）收银主管将所有收银机专用器具交回总收款室。

2）收银主管将收银机钥匙交回总收款室。

3）填写总收款室交接班日志。

4）锁好保险柜，检查电子防盗系统是否正常，关闭电源，设置门禁及报警系统，然后下班。

（三）收银机零用金管理

总收款人员负责准备、盘点收银机每日的零用金，并且负责零用金的安全管理。任何人不得随意挪用收银机零用金。

1. 收银机零用金的流转

（1）收银主管统一设置所有收银机零用金。

（2）总收款人员为所有收银机准备零用金。

（3）总收款人员营业前为收银员发放收银机零用金。

（4）收银主管和总收款人员按要求给收银员兑换零钱。

（5）每日营业后将次日所需的零用金装入现金钱袋以备次日使用。

2. 收银机零用金的准备

（1）收银机零用金的币值组合，见表 3-2 所示。

表 3-2 收银机零用金的币值组合

序号	币值	币种
1	50 元	纸币
2	20 元	纸币
3	10 元	纸币
4	5 元	纸币
5	1 元	纸币或硬币
6	0.5 元	纸币或硬币
7	0.1 元	纸币或硬币

（2）收银机零用金的组合方案。

日常营业时可按表 3-3 所示的零用货币的组合方案准备零用金。

表 3-3 日常营业零用货币的组合方案

币值	数量（个）	金额（元）
50	2	100
20	10	200
10	20	200
5	20	100
1	50	50
0.5	50	25
0.1	50	5
合计		680

周末及节假日期间，由于卖场客流量较大，可按表 3-4 所示的零用货币的组合方案准备零用金。

表 3-4 周末及节假日期间组合方案

币值	数量（个）	金额（元）
50	4	200
20	10	200
10	20	200
5	40	200
1	50	50
0.5	50	25
0.1	50	5
合计		880

3. 填制零用金登记表

总收款人员在给每个现金钱袋准备好零用金以后，还应由专人负责复核零用金的种类及金额是否正确，并填制“零用金登记表”以明确责任。

商场、超市零用金登记表的一般格式见表 3-5 所示。

表 3-5 零用金登记表

年 月 日

公司名称： 总收款室负责人： 收银主管：

收银机编号	币值组合	金额	初备人签字	复核人签字
1 号				
2 号				
3 号				
4 号				
5 号				

4. 营业中的兑零操作

营业中，当收银机中的零钱不够用时，收银员可以随时申请兑零。兑零按以下程序操作：

（1）由收银员向收银主管提出兑换零钱的申请。

（2）收银主管到总收款室兑换零钱，总收款人员与收银主管双方签字确认。

（3）收银主管将兑换的零钱交给前台收银员，双方签字予以确认。

（四）大钞预收操作

1. 大钞预收的含义和目的

（1）大钞预收的含义。商场、超市营业期间，当前台收银机钱箱中的现金过多时，由总收款人员在某一时间到前台收银机上预先收取大面额现金，称为大钞预收。

（2）大钞预收的目的。

1）减少前台收银机中现金的积压数量。

2）及时将现金返回总收款室进行处理。

3）防止偷盗、抢劫等事件的发生，保证资金安全。

4）空出收银箱，以便于收银员操作。

2. 大钞预收的原则和程序

（1）大钞预收的原则。

授权原则：大钞预收只能由企业的总收款人员或其他授权人员进行。

安全原则：收款和押送的过程中必须有保卫人员全程保护，以保证营业资金的安全。

监督原则：打开钱箱收款时，收银管理人员、保卫人员以及收银员必须均在现场，以起到相互监督的作用。

对应原则：收取的大钞必须装入现金钱袋内并放入保险箱中，且现金钱袋的号码应与收银机的号码一一对应。

时间原则：收取大钞后，应在第一时间安全押送到总收款室交接，中途不得做任何停留。

（2）大钞预收的程序。

1）总收款人员在总收款室领取现金钱袋。

2）在保卫人员的保护下到各收银台收取现金大钞。

3）收银员打开钱箱将现金大钞清点后交给总收款人员。

4）总收款人员将所收的现金大钞复核后装入现金钱袋封好。

5）将钱袋放入手提保险箱内。

6）做好收取记录，由相关当事人签字确认。

7）继续到下一收银机收取现金大钞。

8）将现金安全押送回总收款室。

总收款人员预收现金大钞以后，为了明确预收金额和相关人员的责任，应填制“大钞预收明细登记表”，并由相关人员签字确认。大钞预收明细登记表的一般格式见表3-6所示。

表3-6　大钞预收明细登记表

年　月　日　时　分

公司名称：　　总收款室负责人：　　收银主管：

收银机编号	100元数量	金额	50元数量	金额	合计金额	初点人	复核人
1号							
2号							
3号							
4号							
5号							
…							

（五）收银差异处理

收银差异是指收银员所收的货款金额与收银机系统中记录的金额总数之间出现的差异。收银差异有正差异和负差异两种：当所收货款金额大于收银机系统中的金额时，为正差异即长款；当所收货款金额小于收银机系统中的金额时，为负差异即短款。无论是长款还是短款，都属于工作上的失误。

1. 收银差异产生的原因

收银差异产生的原因有多种情况，常见的有以下几种：

（1）收银员收款错误或找零错误。

（2）收银员没有零钱找给客户或客户没要小面额零钞。

（3）收银员误收假钞等。

（4）收银员不诚实，私拿钱箱里的营业资金。

（5）收银员操作时误将收银机的相关键按错。

（6）收银员在兑零的过程中出现错误等。

2. 收银差异的处理措施

（1）发现收银差异，必须在24小时内进行处理。

（2）超出一定金额的收银差异，必须在发现的第一时间报告安全部和收银部经理。

（3）收银差异的原因由总收款室进行查找，不能有合理解释的，收银员本人必须有书面解释。

（4）所有收银员的收银差异必须进行登记，计算差异率和差异总额。

（5）对于超出规定的收银差异，对相关收银员必须有警告处理。

3. 减少收银差异的相关措施

（1）加强收银员的业务培训，减少假钞带来的损失。

（2）加强收银员的职业道德教育，杜绝因不诚实而引起的现金损失。

（3）加强收银作业的规范服务，减少因收款、找零等环节错误而带来的损失。

（4）加强收银区域安全防范管理，对收银员的工作进行有效的监督。

（5）加强营业高峰和节假日的大钞预收工作，减少收银机的现金累计，减少现金被盗的机会。

（六）专用器材管理

专用器材是指前台收银必备的验钞机、取钉器、计算器等收银员使用的专用设备和工具。其管理制度主要包括：

（1）专用器材必须是当日营业前从总收款室借出，营业结束后归还至总收款室。

（2）专用器材必须放在规定的器材存放处，并按收银机号码进行编号。

（3）总收款室设立专用器材的借出（归还）登记表（表 3-7）。

（4）专用器材仅供收银区专用，其他部门不能随意借用；维修时必须有维修登记和跟踪措施。

表 3-7 总收款室专用器材借出（归还）表

专用器材名称： 年 月 日

器材编号	借出时间	借出人	归还时间	归还人	备注

二、收银特殊业务操作

收银作业过程中经常会有一些特殊业务，如找零差错处理、价格差异处理、内部员工购物处理、客户兑换零钱处理等。这类特殊业务，关系着企业的利益与声誉，因此每名收银员都一定要认真对待，严格按照企业规定，认真处理好每一项特殊业务。

（一）收款找零差错处理

收款找零差错发生的原因有两种：一是收银员收款时注意力不集中，且没有坚持唱收唱付的原则；二是客户计算付款错误。不管什么原因，如果差错发生了，收银员必须首先自检。即使是客户的错误，也要得理让人，切忌同客户发生争吵。

对于发生的收款找零差错，应当按以下程序处理：

询问：收银员态度要冷静，言语要温和，向客户问明交款和找零的数额以及票面颜色、版面大小、新旧程度甚至交款时的情节等。

回忆：收银员要沉着冷静地回忆交易结算过程，查找钱款发生差错的可能和原因，同时与客户所说的情况进行对照，弄清事实真相。

检查：根据询问和回忆的结果，检查收银小票等单据，或者请收银主管一起清点收银机内的现钞。如果是自己错了，应立即补对钱款，并真诚地向客户道歉；如果是客户错了，千万不要责怪客户，而应主动地说声“没关系”，以使矛盾化解。

求证：通过回忆、检查仍未能解决问题时，收银员可向周围的客户求证，请他们帮助回忆、证实当时交易的情形。

盘点：在情况允许的条件下，进行商品盘点。如当时无法盘点，可让客户委托一名当班营业员作监点人，留待晚上盘点，次日再将盘点结果告诉客户。

请示：如果收银员不能自己决定如何解决问题，可请收银主管带客户到办公区一起研究解决的办法。

查出差错原因以后，如确属收银员的责任，应立即向客户道歉，对客户真诚地说：“对不起，这是我工作中的失误，怪我太粗心了。”如属客户责任，不应多加指责，弄清了问题即可。如一时分不清责任，应虚心听取各方的意见，尽快查清、解决。

（二）商品价格差异处理

所谓商品价格差异，是指因货架上标注的商品价格与收银系统内的价格不一致，商品条码的价格与收银系统价格不一致，或是因商品陈列位置错误而出现的价格混乱情况。

价格差异的处理原则一般是以标价中的低价进行售卖，以使客户满意为度。

对于发生的商品价格差异，应当按以下程序处理：

收银员发现价格差异后应立即通知收银主管，并通知卖场管理人员核实问题；然后确定交易价格并继续为客户结算，同时感谢客户；最后记录相关情况（表 3-8）并及时反馈给楼层管理人员。

表 3-8 卖场价格差异登记表

年 月 日

货号	品名	卖场价格	系统价格	收银员	备注

1. 商品标注价格与系统价格差异的处理

应以二者中的低价进行交易，并通知卖场管理人员及时更正货架上标注的商品价格，使其与收银系统中的价格保持一致。

2. 商品条码价格与系统价格差异的处理

以二者中的低价进行交易，并通知卖场管理人员及时更正商品价格条码上标注的价格，使其与收银系统中的价格保持一致。

3. 商品陈列位置错误而出现价格差异的处理

首先非常客气地对客户进行解释，告知是由于商品陈列位置错误而出现价格错误，尽量争取按收银系统中的价格进行交易。如客户不同意，则以低价进行交易，并通知卖场管理人员及时将商品放回正确的陈列位置。

（三）内部员工购物处理

在商场、超市等零售企业中，各级别的员工，包括全职工、钟点工等，都有权利与客户一样以相同价格购买各种商品，但是必须严格按照企业的规定执行。为了加强对员工购物的管理，员工购物时应遵循以下原则：

（1）内部员工只能在当天的非上班时间或休假时购物。

（2）内部员工不允许穿工作服、戴工牌在本商场（超市）购物。

（3）不允许员工将在本商场或其他地方购买的商品，保存在卖场的工作区域。

（4）内部员工购物时，必须在企业指定的收银机上付款。

（5）内部员工购物时，如需出具税务发票或收据，必须经过收银主管同意。

（6）内部员工购物时，必须由收银主管在其当日的收银小票上签字后，方能出门。

（7）内部员工换货时，必须依照正常手续进行换货操作，不可私下自行调换。

（四）客户兑换零钱处理

收银机钱箱内的各种小面额纸币和硬币，是为了维持每日为客户正常结算用的零用金，其金额都有一定的限量，如果接受客户额外兑换现金的要求，很可能会出现零钱周转不开的情况，将影响收银台的正常交易。

因此，对于客户兑换零钱的要求，应进行婉言拒绝，不可态度生硬地一口回绝，同时可提醒客户，如要兑换零钱，可到附近的银行去兑换。

（五）其他特殊业务处理

1. 收银台请求支援处理

减少客户排队等候时间，让客户在最短的时间内完成结算手续，并迅速通过收银台，是商场、超市每一名收银员的责任，因此收银区必须随时保持机动性。当收银台前有超过五位客户等候结账时，收银员应立即申请加开收银机，或者申请安排店内人员帮助做好商品入袋服务，以减少客户的等候时间。

2. 无零钱找零情况处理

收银作业中应找客户零钱而恰巧没有时，应礼貌地询问客户："您有××零钱吗?"如客户有，应主动地说"谢谢"；如果客户没有，也要礼貌地说"对不起，请稍等，我马上兑换零钱"，然后立即去向收银主管申请兑换零钱。收银员应注意不能私自向其他收银员兑换、暂借或用私人的钱垫付。

3. 银联 POS 机故障处理

当客户使用银行卡支付而银联 POS 机出现故障时，如果能够离开收银台，应礼貌地对客户说："对不起，刷卡机出现了故障，请您跟我到其他收银台刷卡。"然后领客户去其他收银台刷卡结算。如不能离开收银台，则应礼貌地对客户说："对不起，刷卡机出现了故障，请您到别的收银台刷卡。"

4. 客户所带现金不足情况的处理

结账时，当客户发现随身携带的现金不足以支付货款时，收银员应好语安慰客户，不要使客户感觉难堪，并建议客户办理不足支付部分的商品退货。如果已打出结算清单，应将其收回，按客户实际支付能力重新为客户办理结算手续。如果客户在交款后突然决定退货，应迅速地为客户办理退款手续。

5. 收银台无客户结账情况处理

每天营业低峰期时，如果收银台前没有客户结账，收银员不能无所事事，应做好收银台的整理及其他工作，例如：

（1）整理、补充收银台的各项必备用品。

（2）整理客户的临时退货。

（3）兑换所需的零钱。

（4）擦拭收银台，打扫收银区卫生。

（5）协助卖场做好其他工作。

◇同步实训◇

联系一家超市，实地观察收银员收银的流程，并采访收银员关于营业前、营业中、营业后的工作流程。

项目四　收银员基本技能

学习目标

1. 掌握点钞的基本工序和要求、手工点钞的主要方法、钞票整理与捆扎的方法。
2. 了解假币的种类与特征；掌握验钞的方法及人民币的防伪特征。
3. 熟悉收银机的运行及键盘操作；掌握收银机常见故障处理。
4. 掌握条码扫描的原则和方法。
5. 熟悉商品消磁的原则和操作方法。
6. 掌握商品装袋的原则与操作技巧。
7. 了解银联 POS 机的功能并掌握其操作方法。

任务一　点钞及验钞技能

一、点钞技能

收银员的主要工作是在商场、超市等零售企业的收银台收取营业资金，为客户提供结算服务。目前，国内客户购物结算仍以现金（人民币）支付方式为主，所以收银员每天收取的营业资金中最主要的是现金。因此，点钞是收银员必须掌握的一项基本技能。收银员熟练掌握点钞技术，可以有效地提高收银工作效率，减少客户排队等候的时间。

（一）点钞工作程序与要求

1. 点钞工作程序

点钞工作程序是：拆把→点数→扎把→盖章。

2. 点钞的基本要求

为了“准”“快”“好”地做好点钞工作，应做到以下几点：

（1）坐姿端正。

1）要直腰挺胸，全身自然，肌肉放松。

2）要把双肘自然地放在桌上，同时持票的左手腕部接触桌面，右手腕部稍微抬起，这样才能做到整点货币轻松自如、活动持久。

提示：长时间使用错误的姿势会造成肌肉僵硬甚至拉伤。

（2）点数准确。“准”是点钞技术中的关键字，清点和记数的准确是点钞的基本要求。点数不准不仅影响日常工作的质量，而且会产生差错，造成损失。所以点数时要做到以下几点：

1）精神要集中。

2）坚持定型操作，坚持复核。

3）双手点钞，眼睛看钞，脑子记数，手、眼、脑紧密配合。

（3）清理整齐。使钞票的四条边水平，不露头、卷角拉平。当点完一把钞票以后，要把钞票墩齐以后才能扎把。

提示： 钞票不齐不易点准。对折角、弯折、揉搓过的钞票要将其弄直、抹平，明显破裂、质软的钞票要先挑出来。

（4）扎把牢固。点好钞票应捆扎牢固，以不散把、抽不出钞票为准。扎小把要以提起把中的第一张钞票而不被抽出为准，扎“井”字型捆扎的大把，以用力推不开、抽不出钞票把为准。

（5）盖章清晰。每个人捆好后都要盖章，并且图章要清晰可辨，因为扎钞纸上的名章是分清责任的标志。

（二）手工点钞的方法

1. 手持式点钞方法

下面要介绍工作中常用的单指单张点钞法。

单指单张点钞法是指用一个手指一次点一张的方法，它是点钞中最基本也是最常用的一种方法。它适用的范围较广，可用于收款、付款和整点各种新旧、大小面额的钞票。使用这种点钞法，由于持票面积小，清点钞票时能看到票面的3/4，逐张捻动手感强，因而容易发现假钞，便于挑剔残损币。缺点是点一张记一个数，比较费力。具体操作方法可分为持把、清点、计数、挑残、墩齐、扎把、盖章七个步骤。手持式单指单张点钞法是我们学习的重点。

（1）持票与拆把。左手横执钞票，钞票正面朝向点钞员身体，左手拇指在钞票正面左端约1/4处，食指与中指在钞票的背面与拇指同时捏住钞票，无名指与小指自然弯曲并伸向钞票前左下方，与中指夹紧钞票，食指伸直，拇指向上移动，按住钞票面，与中指同时用力将钞票压成瓦形，右手上前脱去扎钞纸。然后，左手将钞票从桌面上擦过，拇指顺势将钞票向上翻成微开的扇面形（图4-1），同时，右手拇指、食指、中指、沾水做点钞准备。

（2）清点。拆把后，左手持钞稍斜并形成瓦形。右手食指托住钞票背面右上角，用拇指指尖逐张向下捻动票的右上角（图4-2），捻动幅度要小，不要抬得过高，要轻捻。右手食指在钞票背面的右端托住少量钞票配合拇指捻动，中指翘起（不要触及钞票）沾水备用，无名指将捻起的钞票往怀里弹，每捻下一张弹一次，要注意轻点快弹。清点中，拇指沾的水用完时，可以与中指稍沾一下，即可点完100张。同时，左手拇指也要配合动作，当右手将钞票下捻时，左手拇指要随即向后移动，并用指尖向外推动钞票，用力捻钞时下钞均匀。清点是点钞的关键环节。清点的速度和清点的准确性直接关系到点钞的准确与速度。

图 4-1　持票

图 4-2　清点

（3）计数。在清点钞票的同时要计数。由于单指单张每次只捻一张钞票，计数也必须一张一张地记，直至记到 100 张。通常可采用分组计数法。分组计数法有两种方法：一种是 1，2，3，4，5，6，7，8，9，1；1，2，3，4，5，6，7，8，9，2；……1，2，3，4，5，6，7，8，9，10。这样正好 100 张。这种方法是把 100 个数数成 10 个组，每个组都由 10 个一位数组成，前面 9 个数都表示张数，最后一个数既表示这一组的第 10 张，又表示这个组的组序号码即第几组。这样在点数时计数的频率和捻钞的速度能基本吻合。另一种方法是 1，2，3，4，5，6，7，8，9，10；2，2，3，4，5，6，7，8，9，10；……10，2，3，4，5，6，7，8，9，10。这种计数方法的原则与前种相同，不同的是把组序号码放在每组数的前面。这两种计数方法既简捷迅速又省力好记，有利于准确计数。计数时要注意不要用嘴念出声来，要用心记，做到心、眼、手三者密切配合。

（4）挑残破币。在清点过程中，如发现残破钞票，要用右手中指、无名指夹住残破钞票将其向外边折叠，使钞票伸出外面一截，待点完 100 张后，抽出残破钞票，补上好的钞票。

（5）墩齐。点完 100 张后，左手拇指与食指、中指之间捏住钞票，无名指、小指伸向钞票的背面，使钞票正面朝向身体横执在桌面上，左右手松拢墩齐，再将钞票竖起墩齐，使钞票四端整齐，然后左手持票做扎把准备。

（6）扎把。左手横执钞，右手取扎钞纸将钞票扎牢固。扎把方法可依据自己的习惯，采用拧扎法或缠绕捆扎法。

（7）盖章。钞票扎把后，都要加盖自己的名章，名章应盖在钞票上侧的扎钞纸条上，而且要清晰。

2. 手按式点钞方法（图 4-3）

（1）按钞。将钞票横放在桌上，距离胸前 20 厘米左右，两手小指、无名指、中指和食指并拢，向里稍弯曲，指尖朝下，稍用力分别压住钞票两端上角，用左手食（或拇指）勾断纸条。

（2）清点。点钞时用左手无名指、小指按住钞票的左上角，用右手拇指托起部分钞票的右下角，票角稍向前弯曲，接着用右手

图 4-3　手按式点钞

食指从托起的钞票上面捻起一张。每捻起一张，左手拇指即往上推动送至左手食指、中指之间夹住，依此连续操作。

（3）计数、扎把、盖章。手按式单指单张点钞法的计数、扎把、盖章方法与手持式单指单张点钞法相同。

提示： 练习时必须依靠桌面，在练习中应严格两手的分工，注重掌握动作要领，并应特别注意挑出残破旧票的工作练习。

（三）机器点钞方法

使用机器点票币，可以减轻收银员的劳动强度，提高工作效率，同时还能检验钞票的真伪。但是，点钞机存在一定的局限性，因此机器点钞一般多用于钞票的复点。

提示： 柜员经办每一笔现金业务时，需要经过手工点钞与机器点钞的交叉复点，以杜绝工作出现差错。

1. 准备工作

（1）点钞机（图 4-4）放在点款人员的正前方，使用时先接通电源，检查各机件是否完好，运转是否正常，试验捻钞拉力是否合适，观察下钞是否通畅、整齐，计数是否准确。调试一般要求达到不松、不紧、不咬、不塞。

图 4-4　点钞机

（2）待点的钞票整齐排放在点钞机的右侧，扎钞纸和印章按固定位置放好，保证点钞过程的连续性，并要根据清点的票面调整好下钞斗。

（3）根据点钞的不同需要，选择功能键。

2. 操作方法

（1）持钞。右手拇指在钞票下侧，食指在钞票中心，中指、无名指、小指在外面，捏住钞票。

（2）拆把。右手食指将钞票中心向外推，拇指与中指、无名指、小指同时将钞票捏成半弧形，左手将纸条抽去，右手拇指与食指夹在上侧边，松开中指、无名指、小指，这时钞票下侧弹回原处，自然形成斜坡形，放入托钞板，便于下钞流畅，注意将数码显示数字调整为“0”。

（3）清点。将钞票轻轻地放入下钞斗内，勿用力过大，造成塞钞，应使其自然下滑；目光迅速转向运钞带，如果发现有破损券、夹杂券、假钞或其他异物，需立即剔出；钞票全部下到接钞台后，看清显示数字是否与持把所标金额相符；确认金额无误后将钞票取出墩齐、扎把；在清查过程中要根据票面大小，随时调整接钞台大小档次，以适应票面大小不同的票币，使其整齐；在整点整把钞票时，如果发现数码显示屏显示不是100时需要复点。在复点前必须首先将数码显示屏显示数字还原为“0”后再复点，并注意保管好原把纸条，不能混淆，以便分清责任。

（4）扎把、盖章。机器点钞方法的扎把、盖章方法与手持式单指单张点钞方法相同。但是，扎把同时眼睛紧盯着机器上的钞票。扎好把的钞票应放在点钞机的左侧。

3. 机器点钞操作要点

（1）在机器点钞过程中，如下钞正常，目光要集中在运钞带上，直至下钞完毕，目光再移到数码显示屏上，看金额是否准确。

（2）在取出刚点完的钞票时，特别要注意取净，防止落下，造成混把。

（3）点完一个单位的钞票后，要检查一次机器底下是否有遗张，特别是在发现少款的情况时，要仔细检查输钞带、捻钞轮底下是否有“吃钞”情况。

4. 点钞机故障的判断与排除

（1）对于开机以后显示窗无显示的，这种故障多数和电源有关。检查电源插座是否有电。

（2）对于点钞机出现计数不准的，首先考虑是不是灰尘积累造成的，可以打开点钞机的盖板，用软毛刷将灰尘清理一下。如果清理之后还不能正常使用的，可能是易损元件使用寿命到期，可以通过更换易损元件来排除故障，换完以后再调整一下，一般就可以恢复正常了。

（3）对于开机以后有故障提示符号的，可以根据说明书对照相应的提示符号来解决相应的故障。

除了上述提到的故障情况外，机器还可能出现其他的故障。但无论出现什么情况，在点钞机发生故障时养成一个习惯，及时检查点钞机里面有没有残留下东西，比如是否有纸币的碎角等东西挡住了机器的传感器，机器的可拆部分是不是没有接好等。如果没有出现以上情况，较安全可靠的办法就是请厂家专业的维修人员来维修，以使机器故障尽早得到彻底的解决。

（四）钞票的整理与捆扎

1. 钞票的整理

钞票的整理包括两个方面：

（1）在清点票币前，应先按券别（100元、50元、20元、10元、5元、1元）将钞票分类，同时挑剔出残损币，并将断裂券用纸条粘好，然后按完整币和残损币分别进行清点，若发现可疑钞票，还应对其进行真伪鉴别。

（2）清点完一把钞票后，要进行捆扎前的整理，将钞票拉平并墩齐，然后以专用纸条捆扎牢固。

2. 钞票的捆扎方法

钞票捆扎是点钞过程中的一个重要环节。

（1）钞票捆扎要求。捆扎钞票要以每百张为一把，经整点无误后用扎钞纸在钞票中间捆扎牢固。对不足 100 张的钞票则用扎钞纸在钞票的 1/3 处进行捆扎，并将钞票的张数、金额写在纸条的正面。

钞票捆扎完毕，应在侧面的扎钞纸条上加盖点钞人员的名章，以明确责任。每十把钞票必须用专用细绳以“双十”字形捆扎为一捆，在顶端贴上封签，并加盖经手人名章。

（2）钞票捆扎方法。钞票捆扎主要是扎把，扎把的方法最常用的有拧扎法和缠绕捆扎法两种：1）拧扎法（图 4-5）。将清点准确的 100 张钞票墩齐后，左手横执钞票，正面朝向点钞员自己，拇指按在钞票前，中指、无名指和小指在钞票后，食指伸直放在钞票的上侧，五指配合捏住钞票左端约占票面 1/3 处，右手的拇指与食指、中指取扎钞纸（扎钞纸的长度一般约等于票面宽的 3 倍），以扎钞纸 1/3 处搭在钞票的背面，用左下食指按扎钞纸，右手拇指与中指捏住扎钞纸较长的一端，从钞票的正面往下向外绕半圈，在钞票背面用食指勾住扎钞纸短的一头，将扎钞纸两端合拢捏紧，然后左手稍用力握住钞票的正面，将钞票捏成正面凸出瓦状（瓦状的幅度影响扎的松紧，在捆扎中幅度不变），左手腕向外转，右手捏住扎钞纸向里转，然后在双手还原的同时将右手中的扎钞纸拧成花结，同时用右手食指按压花结外侧，顺势将扎钞纸花结塞进凹面瓦状里，再把钞票抚平。2）缠绕捆扎法（图 4-6）。将墩齐的 100 张钞票横执，正面朝向点钞员自己，左手拇指在钞票前，其余四指在钞票后握住钞票左端约 1/3 处，五指配合向身体方向用力，使钞票向内弯曲，弯度不要太大。左手食指将 100 张钞票上侧分开一条缝，右手将扎钞纸的一端插入缝内（或不将钞票开缝，直接将扎钞纸一端以左手食指按在钞票背面中间），然后右手拇指、食指和中指捏住扎钞纸，由正面往下向外缠绕（一般两圈），绕到钞票上端时，右手腕向右侧翻转，使捆钱条末端向右反折成角，并以食指从右侧将其插入原扎钞纸下面，同时用拇指将折角压平，以防松脱。

图 4-5　拧扎法

图 4-6　缠绕捆扎法

二、验钞技能

收银员每天收取大量的现金，遇到假币是在所难免的事情。因此，及时发现假币，有效防止企业经济损失是最为重要的。这就需要每名收银员掌握识别假币的技能，练就一双识别假钞的“火眼金睛”。

（一）假币的种类及特征

1. 假币的种类

假币又称假钞或伪钞，是指利用各种犯罪工具仿照真币的形象，采用印刷、复印、拓印、影印、描绘以及挖补、剪切、拼凑等方式加工制作的票币。假币可分为伪造假币和变造假币两种。

（1）伪造假币。伪造假币是指仿照真币的图案、形状、色彩等，采用各种制假手段制作的假币。伪造假币主要有机制胶印假币、复印假币、拓印假币、照相假币、描绘假币和复印制版技术合成假币等。

（2）变造假币。变造假币是指将人民币采用挖补、剪贴、拼凑、制皮、揭面、涂改等手段，以少变多、以小变大制成的变形票币。

2. 假币的特征

（1）伪造假币的一般特征：

1）假币的水印大部分是在纸张夹层中涂布白色浆料，层次较差，图像模糊；有的则是在纸张表面描绘成水印图案，冒充水印。

2）假币纸张在紫外线光源下，多数有强烈的荧光反应。

3）假币正背面均采用全胶印（四色网点）方式印刷，大多墨色深浅不一，有的版面颜色偏深，有的偏淡，有的版面偏向一种颜色，且凹印图文平滑，无浮雕感。

4）制作假币的纸条一般用普通纸张，与印钞纸相比手感比较平滑、绵软，厚薄也不均匀，票面无凹凸感。

5）假币的安全线是在纸张夹层中放置，纸与线有分离感。还有的假币则在正反两面各印刷一个条状图案，仔细观察便能看出破绽。

（2）变造假币的一般特征。变造假币是在真币的基础上，经过人为加工变形而成的。多采用挖补、剪贴、拼凑、制皮、揭面、涂改等手段，人为痕迹比较明显，比伪造假币易于辨认。如拼凑币，是经人为分割破坏后再进行拼凑而成，以达到以少变多的目的；揭面币，也是经过人为地揭去一面后，用其他纸张进行粘贴，从而达到以少换多的目的。

（二）验钞的主要方法

验钞的主要方法分为人工鉴别法和机器检测法，收银工作中通常以人工鉴别为主，机器检测为辅，进行人民币真伪甄别。

1. 人工鉴别人民币真伪的方法

假币当中伪造假币最多，识别伪造假币最常用的方法就是：一“看”、二“模”、三“听”、四“比”、五“测”。

（1）“看”，就是采用看水印、看安全线、看光变油墨、看颜色和阴阳互补图案、看缩微文字的鉴别方法。

（2）“摸”，即摸纸币的纸质、人像、盲文点以及中国人民银行行名。

（3）“听”，就是听声音，通过抖动钞票使其发出声响（长时间流通已变旧的钞票除外）来分辨人民币真伪。人民币的纸张具有挺括、耐折、不易撕裂的特点。手持钞票用力抖动、手指轻弹或两手一张一弛地轻轻对称拉动，能听到清脆响亮的声音。

（4）“比”，就是进行对比识别。用一张真币和可疑票币进行对比观察；可以用票样对比观察可疑票币的局部图案和花纹；还可以从纸质、油墨、印刷技术等方面进行对比。

2. 机器检测人民币的方法

机器检测法，是用专用的仪器来分辨人民币真伪。收银台通常均配有验钞机，收银员在对可疑钞票人工识别不能辨别真伪的情况下，可使用验钞机对可疑钞票进行真伪鉴别。机器检测方法比较简单，可以用专门的多功能验钞机进行检测，也可以用具有鉴伪功能的点钞机进行检测。

目前，验钞机有很多种品牌和型号，其功能大同小异。但是目前大部分企事业单位所用的验钞机基本都是验钞点钞的一体机。

点钞机使用方法如下：

（1）开启电源开关，当只需清点张数而不需鉴伪时，按功能键选择到“计数”工作方式；

（2）如需要验钞功能则按功能键到“智能模式”工作方式，然后将一叠纸币捻成一定斜度，平放在滑钞板上，机器即自动完成点钞工作；

（3）待滑钞板上纸币全部输送完毕机器停止计数，此时显示屏上显示的数字就是该叠纸币的数量，取出接钞架钞票，每次清点纸币时显示器上显示的数值自动控制将清零后重新计数；

（4）若有假币出现，则点钞机会自动报警，发出“哔哔”声。

（三）人民币防伪特征

收银员要练就快速、准确地识别人民币真伪的能力，就需要熟悉并掌握人民币的防伪特征。由于目前流通的主要是第五套人民币，因此这里主要介绍第五套人民币的防伪特征。

1. 100元、50元券人民币防伪特征

（1）1999年版的100元、50元券人民币防伪特征如图4-7所示。

（2）2005年版的100元、50元券人民币，与1999年版的100元、50元券人民币相比，其防伪特征作了如下调整：

1）调整防伪特征布局。

2005年版第五套人民币100元、50元纸币正面左下角胶印对印图案调整到主景图案左侧中间处，光变油墨面额数字左移至原胶印对印图案处，背面右下角胶印对印图案调整到主景图案右侧中间处。

2）调整防伪特征。

① 隐形面额数字：调整2005年版第五套人民币各券别纸币的隐形面额数字观察角度。2005年版第五套人民币各券别纸币正面右上方有一装饰性图案，将票面置于与眼睛接近平行的位置，面对光源做上下倾斜晃动，分别可以看到面额数字字样。

② 全息磁性开窗安全线：2005 年版第五套人民币 100 元、50 元、20 元纸币将原磁性缩微文字安全线改为全息磁性开窗安全线。2005 年版第五套人民币 100 元、50 元纸币背面中间偏右，有一条开窗安全线，开窗部分分别可以看到由缩微字符“RMB100”、“RMB50”组成的全息图案。2005 年版第五套人民币 20 元纸币正面中间偏左，有一条开窗安全线，开窗部分可以看到由缩微字符“RMB20”组成的全息图案。

(a)

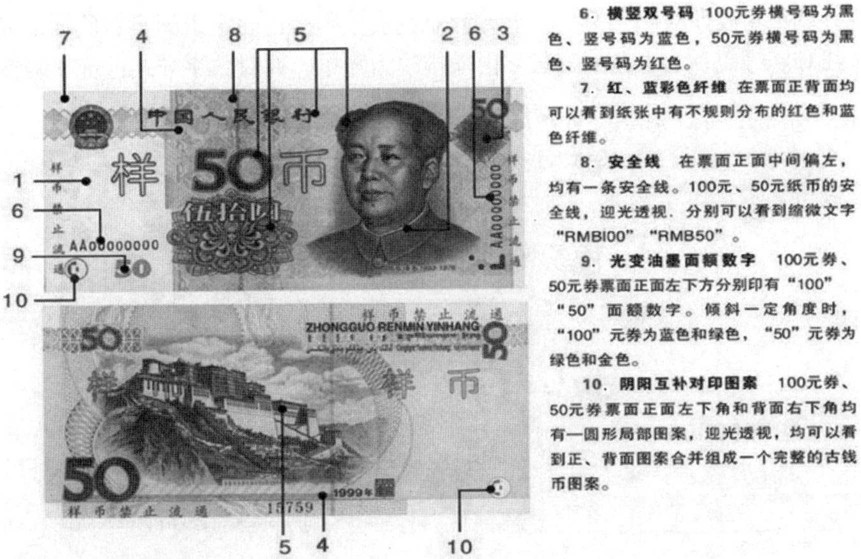

(b)

图 4-7　1999 年版 100 元、50 元纸币防伪特征

③ 双色异形横号码：2005 年版第五套人民币 100 元、50 元纸币将原横竖双号码改为双色异形横号码。正面左下角印有双色异形横号码，左侧部分为暗红色，右侧部分为黑色。字符由中间向左右两边逐渐变小。

④ 雕刻凹版印刷：2005 年版第五套人民币 20 元纸币背面主景图案桂林山水、面额数字、汉语拼音行名、民族文字、年号、行长章等均采用雕刻凹版印刷，用手触摸，有明显的凹凸感。

3）增加防伪特征。

① 白水印：2005 年版第五套人民币 100 元、50 元纸币位于正面双色异形横号码下方，2005 年版第五套人民币 20 元纸币位于正面双色横号码下方，迎光透视，分别可以看到透光性很强的水印面额数字字样。

② 凹印手感线：2005 年版第五套人民币各券别纸币正面主景图案右侧，有一组自上而下规则排列的线纹，采用雕刻凹版印刷工艺印制，用手指触摸，有极强的凹凸感。

③ 阴阳互补对印图案：2005 年版第五套人民币 20 元纸币正面左下角和背面右下角均有一圆形局部图案，迎光透视，可以看到正背面的局部图案合并为一个完整的古钱币图案。

4）2005 年版第五套人民币各券别纸币背面主景图案下方的面额数字后面，增加人民币单位的汉语拼音“YUAN”；年号改为“2005 年”。

5）2005 年版第五套人民币取消各券别纸币纸张中的红蓝彩色纤维。

（3）2015 年版第五套 100 元人民币防伪特征

2015 年版第五套人民币 100 元纸币（图 4-8）在保持 2005 年版第五套人民币 100 元纸币规格、正背面主图案、主色调、“中国人民银行”行名、国徽、盲文和汉语拼音行名、民族文字等不变的前提下，对部分图案做了调整，对整体防伪性能进行了提升。在票面中部增加光彩光变数字“100”，其下方团花中央花卉图案调整为紫色；取消左下角光变油墨面额数字，调整为胶印对印图案，其上方为双色横号码；正面主景图案右侧增加光变镂空开窗安全线和竖号码；右上角面额数字由横排改为竖排，并对数字样式进行了调整。

图 4-8　2015 年版第五套 100 元人民币

票面年号改为“2015 年”；取消了右侧全息磁性开窗安全线和右下角防复印图案；调整了面额数字样式、票面局部装饰图案色彩和胶印对印图案及其位置。

其具体防伪特征如下：

1）光变镂空开窗安全线：位于票面正面右侧。当观察角度由直视变为斜视时，安全线颜色由品红色变为绿色；透光观察时，可见安全线中正反交替排列的镂空文字“￥100”。

2）光彩光变数字：在票面正面中部印有光彩光变数字。垂直观察票面，数字“100”以金色为主；平视观察，数字“100”以绿色为主。随着观察角度的改变，数字“100”颜色在金色和绿色之间交替变化，并可见到一条亮光带在数字上下滚动。

3）人像水印：人像水印清晰度明显提升，层次更加丰富。透光观察，可见毛泽东头像。

4）胶印对印图案：胶印对印图案由古钱币图案改为面额数字“100”，并由票面左侧中间位置调整至左下角。

5）横竖双号码：票面正面左下方采用横号码，其冠字和前两位数字为暗红色，后六位数学为黑色；右侧竖号码为蓝色。

6）白水印：位于票面正面横号码下方。透光观察，可以看到透光性很强的水印面额数字“100”。

7）雕刻凹印：票面正面毛泽东头像、国徽、“中国人民银行”行名、右上角面额数字、盲文及背面人民大会堂等均采用雕刻凹印印刷，用手指触摸有明显的凹凸感。

2. 20 元、10 元券人民币防伪特征

（1）1999 年版的 20 元、10 元券人民币防伪特征如图 4-9 所示。

（2）2005 年版的 20 元券人民币，与 1999 年版的 20 元券人民币相比，其防伪特征作了以下调整：

1）调整以下防伪特征。

① 雕刻凹版印刷：背面主景图案桂林山水、面额数字、汉语拼音行名、民族文字、年号、行长章等均采用雕刻凹版印刷，用手指触摸，有明显的凹凸感。

② 隐形面额数字：调整隐形面额数字观察角度。正面右上方有一装饰性图案，将票面置于与眼睛接近平行的位置，面对光源做上下倾斜晃动，可以看到面额数字“20”字样。

③ 全息磁性开窗安全线：将原安全线改为全息磁性开窗安全线。正面中间偏左，有一条开窗安全线，开窗部分可以看到由微缩字符“￥20”组成的全息图案，仪器检测有磁性。

2）增加以下防伪特征。

① 白水印：位于正面双色横号码下方，迎光透视，可以看到透光性很强的水印“20”字样。

② 胶印对印图案：正面左下角和背面右下角均有一圆形局部图案，迎光透视，可以看到正背面的局部图案合并为一个完整的古钱币图案。

③ 凹印手感线：正面主景图案右侧，有一组自上而下规则排列的线纹，采用雕刻凹版印刷工艺印制，用手指触摸，有极强的凹凸感。

3）取消纸张中的红蓝彩色纤维。

4）取消正面原双色横号码下方的装饰性图案；背面主景图案下方的面额数字后面，增加人民币单位元的汉语拼音“YUAN”；年号改为“2005 年”。

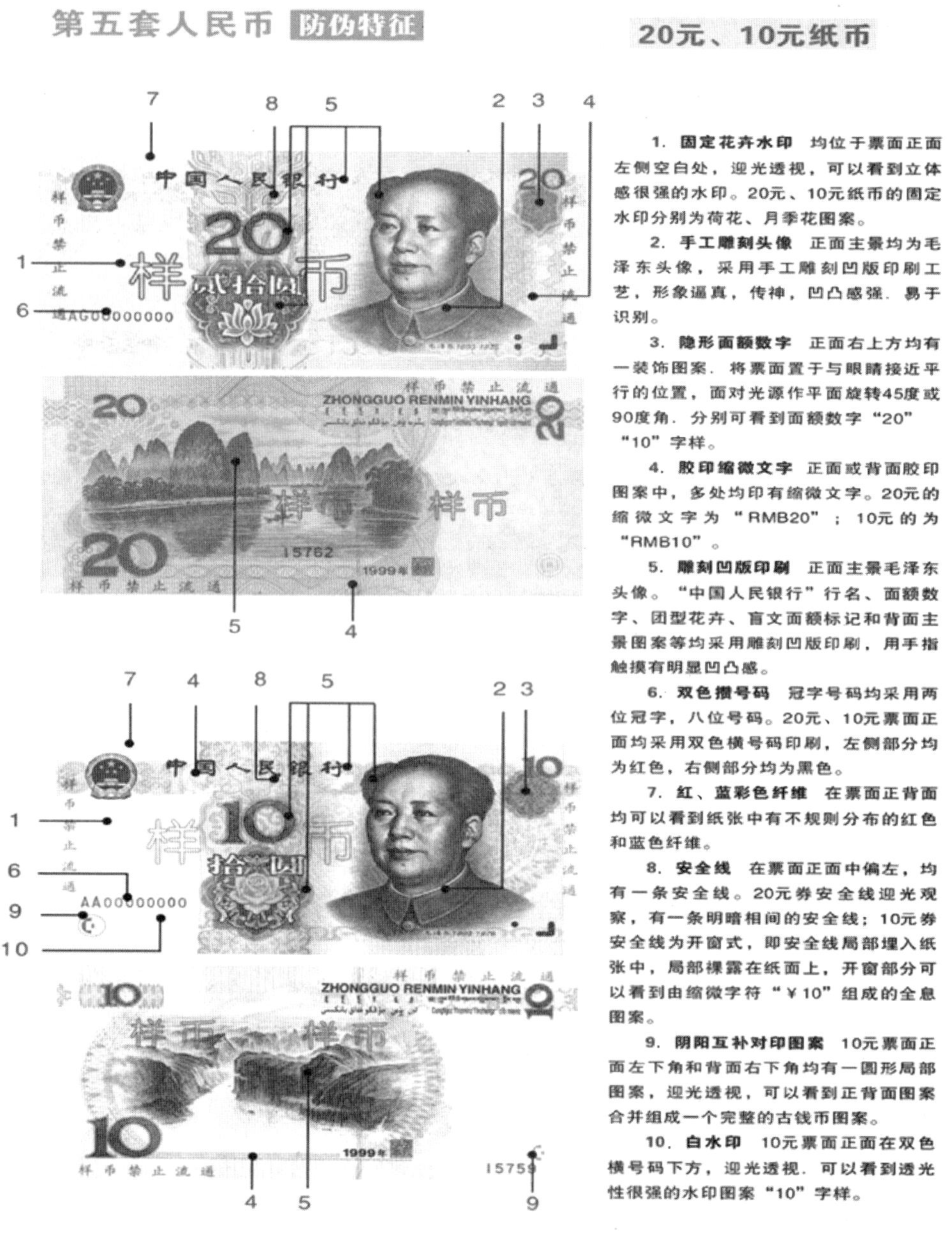

图 4-9 1999 年版 20 元、10 元券防伪特征

（四）识别人民币应注意的问题

在鉴别人民币真伪时，常常会遇到一些由于表面图案的损伤或变形面受到怀疑的可疑钞票，但这些钞票并不属于假币，因此要仔细加以区别。

1. 钞票的纸幅、图案大小与票样不同

造成这种情况的原因有以下几方面：

（1）纸张厚薄规格不完全一致，纸张所受压力大小不同，致使钞票纸张伸缩程度不同。

（2）截切方法掌握不一，因而花边四周的纸边也宽窄不一。

（3）钞票在流通中，由于气温、湿度的变化和液体浸泡，也会影响纸张的伸缩性。因此，对钞票纸幅或图案大小方面的情况，在鉴别时，把一张钞票纵横折叠起来，与票样进行对照就能够发现问题。

2. 钞票的花纹墨色深浅不同或者墨色发生变化

一般来说，钞票印刷所使用的油墨的化学性质是比较稳定的，具有耐磨、不易变色的特点。但这种稳定性也不是绝对的，在印刷中，由于纸张厚簿不同、印刷技术原因或是原材料的差别，都会造成墨色有深有浅。而且钞票在流通中遇到较强的酸碱物质时，油墨也会起化学变化。气候条件不同或存放不当，同样会引起墨色的变化。这类问题原因较多，情况复杂，因此对这类钞票进行鉴别时一定要认真仔细。

任务二　收银机操作技能

收银机是商场、超市等零售企业前台收银工作的主要设备，也是POS收银系统的运行载体。商品信息传输、收款结算、打印发票或小票、系统维护、信息查询、报表查询与打印等都只能在收银机上完成。因此，熟练掌握收银机的操作技能，是收银员做好收银工作的重要保证。

本章节以爱丁数码收银机（图4-10）为例，对收银机操作进行介绍。

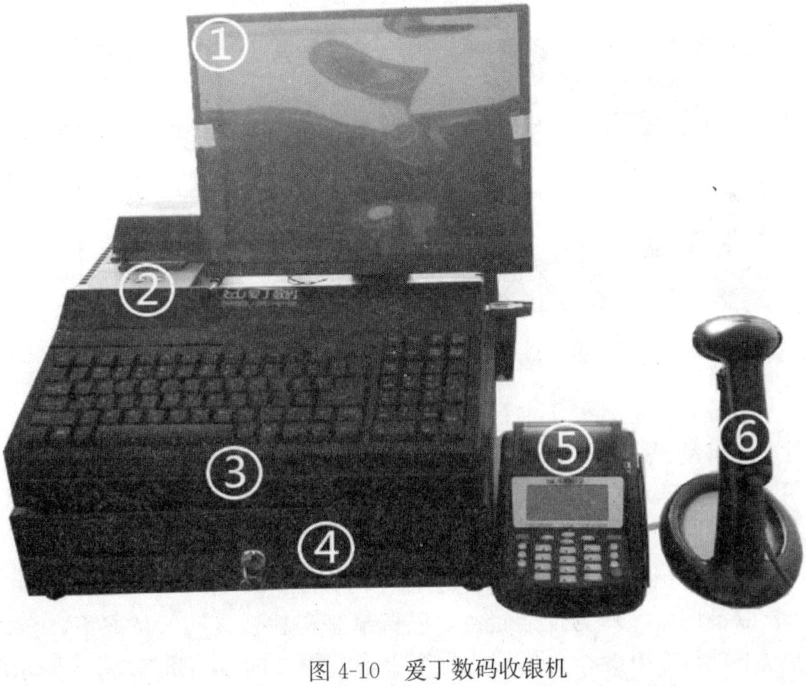

图4-10　爱丁数码收银机

1— 显示器，相当于电脑显示器，用于显示图片、文字和视频；2—热敏打印机，用于打印现金收款小票；3—主机箱-相当于台式电脑的主机箱，内有电脑主板；4—钱箱，用于放置储备金和收取的纸币和硬币；5—POS机主机，刷磁条卡时使用，用于结账；6—扫描枪和扫描枪支架。

一、收银机运行操作

（一）收银的操作过程

1. 开机与登录操作

收银机的操作与普通计算机一样，非常简单。由于收银机的功能是由收银软件决定的，因此不同的收银软件其操作程序与系统界面不尽相同。

以爱丁数码收银机为例，早班收银员开机前，首先接通电源，检查各种线路及收银机外接设备连接是否完好；然后打开收银机的电源开关，系统会自动运行，进入电脑桌面界面以后，选择爱丁商超实训软件（前台）网络版，按回车键进入收银实训系统。

进入“收银系统前台登录窗口”（图 4-11），前台登录窗口是收银员验证身份、上机操作的必经关口，由用户名称和用户密码两部分组成。用户名称又叫员工号，每名收银员都有一个唯一的员工号码和口令，并且一次只能在一台收银机上登录。

图 4-11　收银系统前台登录窗口

登录成功，系统自动进入爱丁前台 POS 系统窗口（图 4-12）。如果员工号及密码输入不正确，则系统自动提示输入有误，检查员工号及密码重新输入即可。

2. 收银机前台当班操作

回车进入“模拟收银”后，可进行基本收银流程的训练，如图 4-13 所示。成功登录系统后，进行模拟收银操作之前，必须进行“前台当班”操作，因收银员在当班前，必须要从出纳领取备用金，作为现金储备，以备给客户找钱。一般情况下，会领取 500 元备用金，故以下默认 500 元。再模拟收银主界面选择“前台当班”，进入图示的界面。在当班界面中，上部有若干信息为固定显示的信息，用户只需输入钱箱金额即可。默认金额为 500 元。如果没有正确输入钱箱金额，则提示：“金额错误，请重新输入”，用户需按下［ENTER］键方可重新输入。用户输入正确的钱箱金额后，按［ENTER］键进行确认，系统提示“确认当班?”字样，如图 4-14 所示。按“确定”当班成功，按“取消”则返回上一级页面。

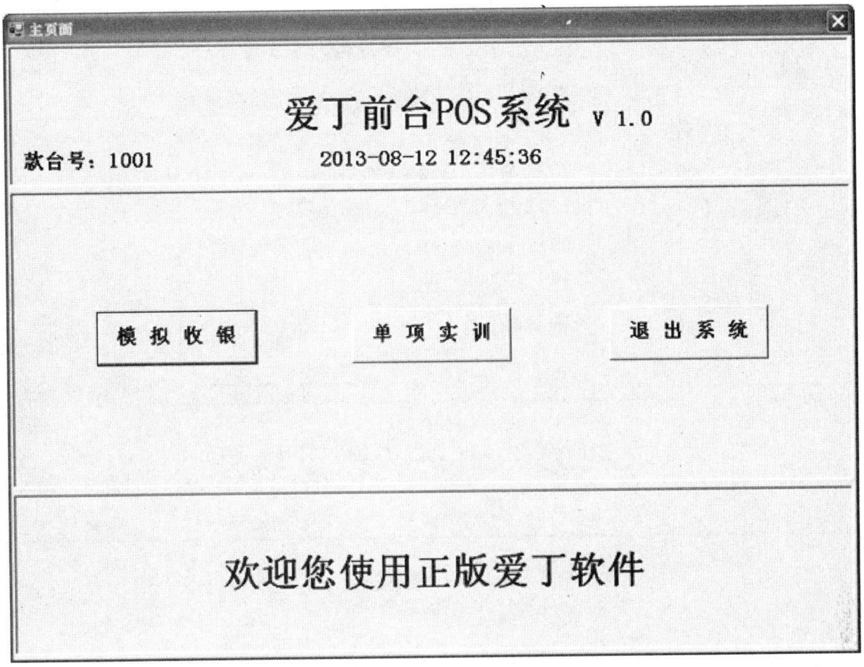

图 4-12　收银系统启动窗口

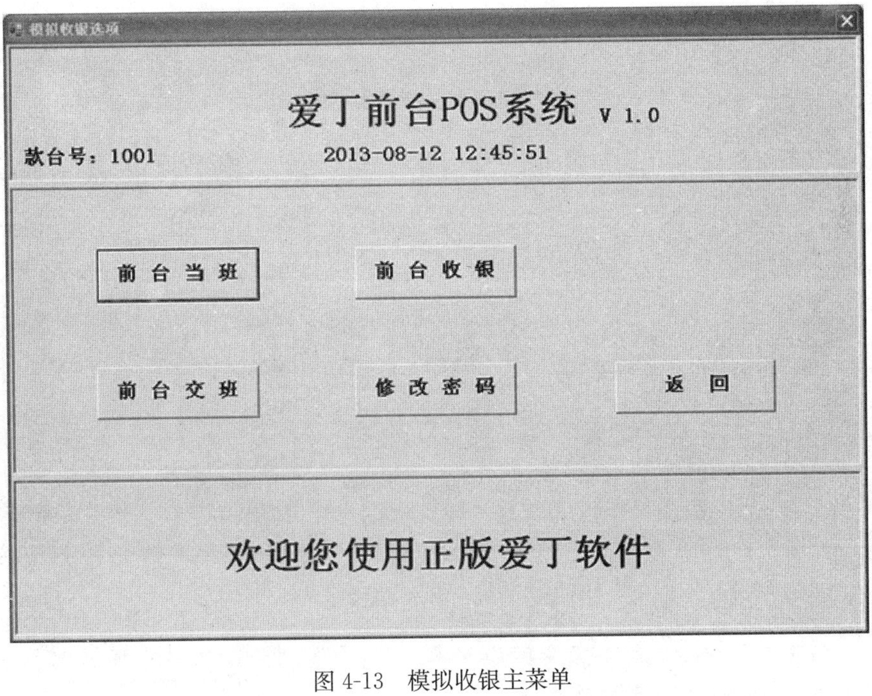

图 4-13　模拟收银主菜单

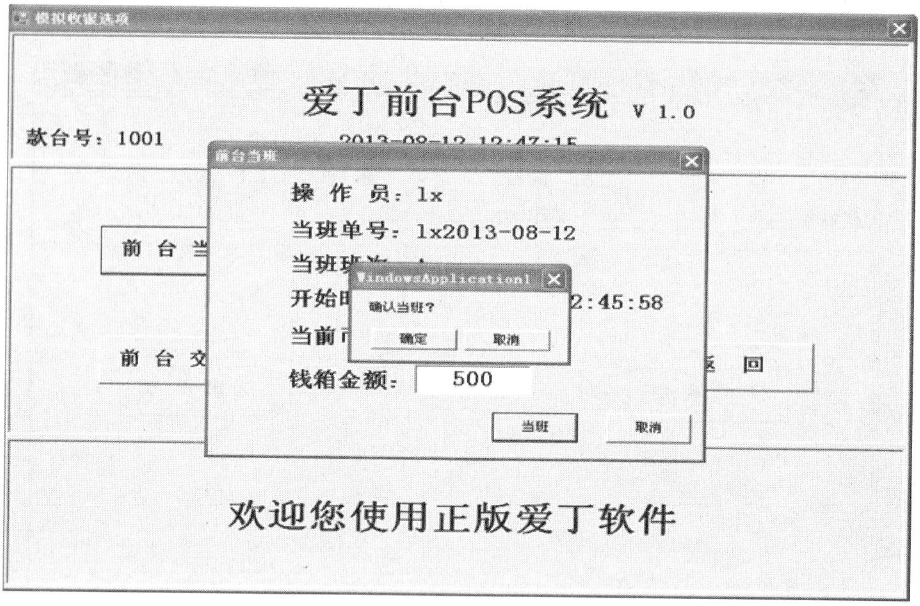

图 4-14　前台当班

3. POS 机签到操作

POS 机开机后，在功能选择界面选择“管理”，爱丁 POS 机的签到、签退，都在管理界面下进行，如图 4-15 所示。

图 4-15　爱丁 POS 机管理界面

选 1 签到，进入后，输入操作员单号 01，然后按回车键确认；输入操作员密码，密码默认为 1111，按确认键完成签到。

4. 进行前台收银操作

签到后，进行前台收银界面，按照图 4-16 所示在条码输入区录入商品条码或用扫描枪扫描商品，检索出商品名称、单价等。确认商品数量及金额后，按动 Page down，进入结算界面，如图 4-17 所示。此处有三种支付方式：可以单独选择 F1 进行现金支付；也可以单独选择 F2 进行刷卡结算；也可以 F1 和 F2 都选，即一部分现金支付；一部分刷卡结算。

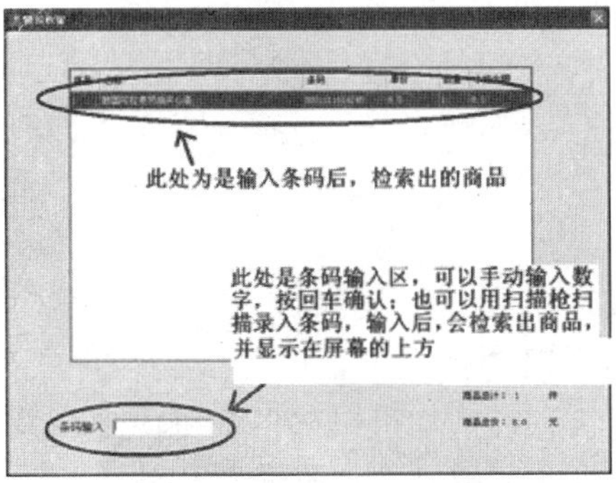

图 4-16　收银操作界面

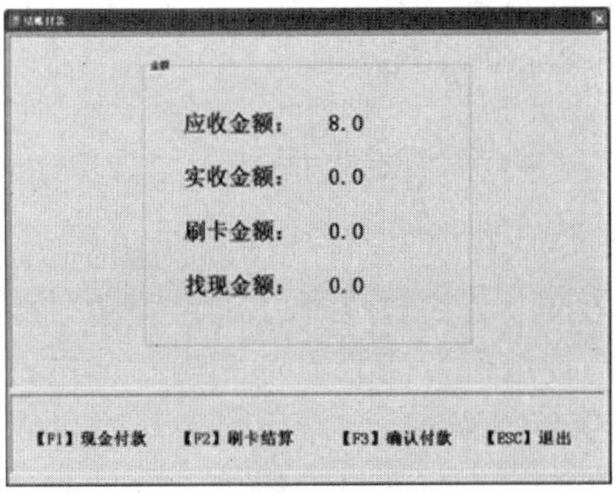

图 4-17　收银结算界面

5. 收银结束操作

（1）收银机交接班。收银结束后，收银员需要进行交接班操作，收银机交班后打印机打印出交班单据。在系统主界面可按［前台交班］进行交班工作，如图 4-18 所示。界面显示主要的信息：当班时钱箱余额，客户付款金额，以及应交的金额。按［ENTER］键后弹出提示“确认交班?”，交班完成后打印当班时的其他信息。之后程序返回收银的主界面。

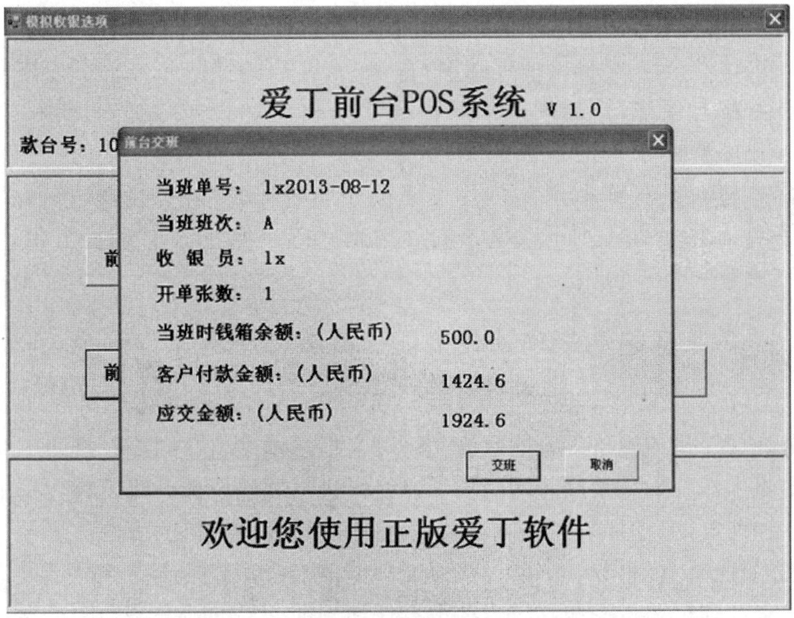

图 4-18　收银机交接班操作

（2）POS机签退操作。如图4-15所示，按2签退前必须按6结算。显示器将显示“正在批结算，请稍后”字样。当无刷卡交易时，不会打出结算单，即可签退；当有刷卡交易时，会打出结算单，打完结算单后，系统直接退回到管理界面。在管理界面，选2签退，进入签退界面，界面会显示“正在签退请稍后”，签退成功后，会返回到管理界面。

注意：交班成功以后，收银员需将钱箱中所剩现金，以及POS机结算单据，和收银机的交班单据一起交付给出纳人员，出纳人员会对全天的收支情况进行核对，看是否有长款和短款的情况。

（二）暂停与恢复操作

收银作业暂停有两种情况：

一是收银员临时离开收银台，暂时停止收款工作，一般称为“暂离”。当收银员需要暂停收银作业时，应首先告知客户到相邻收银台去交款，以免引起客户的误解；然后按下“暂离”键，收银系统自动进入锁定状态，这样可以确保本机内现金及收银数据的安全。解锁键只有使用收银员本人的口令才能解锁，能有效防止他人的非法操作。同时，当上一次操作出现非正常关机后，本次操作开机后系统也会自动进入加锁状态。这样，收银机就能够随时处于安全模式下，有效地保护了营业资金及系统交易的安全。

二是收银员在收款过程中输入完某位客户的商品等待客户付款时，客户提出再回去买点其他东西，为不耽误下一位客户收款，收银员可以将此笔交易挂起，这种情况称为“挂单”。等挂单客户回来结账时，可直接将先前挂单的交易单据恢复，继续为该原客户结算。这种情况的操作方法是：按下“挂单”键，挂起当前交易单据，系统为客户打印一张挂单收条；系统等待下一笔交易的输入，并在输入窗口的上方中间显示一共有几笔挂单。恢复操作时，只要系统显示有交易挂单但无当前交易（即没有其他客户在进行结算），按下“取单”键，屏幕出现提示窗口，输入客户的挂单序号就可以恢复先前暂停的交易，继续为挂单的客户结账。

收银员交接班或下班时，如果POS系统仍有挂单的交易，则必须将所有挂单的交易调出，进行结算或取消，然后收银员才能退出收银机工作状态并关机。若强行退出收银界面并关机，则下次登录时，POS系统必须通过管理员身份验证方能继续使用。

（三）收银员在收银作业过程中，可以随时退出操作系统，返回上一个工作状态。具体操作是按退出键，即“ESC”，即可退出当前的操作界面。

收银员在交接班或晚班下班前，应先将账目核对清楚，按结算键打印“交班报表”，后再进行关机操作，如果采用脱网销售，还必须进行联网操作，将销售数据上传。交班报表可显示当前日期、时间、本机机号、当日所有操作过本机的操作员名单，以及每名操作员所收的现金、优惠券、支票、银行卡、储值卡金额以及会员积分等。不能在收款界面下直接采取强行关机操作，应当在没有任何当前交易的情况下，按正常程序退出系统关机。

二、收银机常见故障处理

（一）收银机鸣叫故障处理

收银员在工作中遇到的收银机故障多为系统操作故障。收银员操作错误时，收银系统中一般不出现错误提示信息，而以机器的鸣叫反映操作错误警告。通常以下操作会引起收银机的鸣叫：

（1）纸用完或未装纸，压纸杆没有压下。

（2）有一笔未销售完的业务，没有结账。

（3）机器有连接线脱落，不能正常工作。

（4）操作时按键错误或按键无法复位。

当听到收银机鸣叫时，应立即停止当前操作，检查是否出现了上述操作失误情况，及时进行纠正处理；自己处理不了的及时上报收银主管，通知计算机管理人员到场处理，以免影响收款工作的正常进行。

（二）收银机操作故障处理

1. 打不开机器或屏幕无显示

故障原因及处理措施：检查连线是否松动或脱落；检查内存条是否有损坏或太脏；检查显示器是否打开及亮度调整是否正常；检查电源插座是否有电；检查连线是否连接错误。

2. 开机进不了操作系统

故障原因及处理措施：操作系统被破坏需要重装；硬盘连线损坏或硬盘有损坏需要修理；非法关机引起硬盘检测需要等待检测完毕或重新启动。

3. 开机进不了收款系统

故障原因及处理措施：收银软件因病毒或删除等原因需要重新安装；软件没有注册，试用期已到，需要注册安装软件；操作员口令错误需要重新输入口令。

（三）收银机异常情况处理

1. 前台销售窗口提示“该商品不存在”

故障原因及处理措施：这种情况一般是由于后台计算机没有建立该商品主档资料。通常有以下两种方式处理：

（1）在不影响客户结算的前提下，按“查询”键输入交易商品的价格，查出相应的商品再进行确认；若找不到该商品编码，按“HOME”键用专柜方式直接销售，专柜号由商场或超市统一设定。

（2）跟客户说清楚，他所购买的商品尚未在计算机上登记（入账），不能出售，并请客户予以谅解；然后，收银员将该商品的编码、条码、名称、规格、售价等记录下来，立即通知计算机部维护人员进入后台计算机系统新增该商品主档资料。

2. 商品标价与系统显示价格不符

故障原因及处理措施：这种情况一是由于前台标价错误或是前台标价与后台调价不

协调引起的；二是因为促销价设置错误或过期引起的。这两种情况，不同的零售企业有不同的处理规定。通常的处理方法是暂停该商品销售，并进入后台调出该商品主档资料后，修改相应的零售单价或取消促销价设置。

3. 商品条码扫描无效

故障原因及处理措施：这种情况一是商品本身条码出现问题（如模糊、褶皱等）；二是后台计算机录入的商品条码有误。出现这种情况时，应手工录入商品条码，看是否能解决问题。如果仍然找不到商品，应立即通知计算机部维护人员到场处理或进入后台计算机系统检查该商品的相关资料。

4. 收银机不能联网销售

故障原因及处理措施：在联网销售过程中，如果出现网络信号中断，不能进行联网销售的情况时，首先检查主机网线是否松动，若网线松动重新接好网线接口；若网线接口完好，则排除收银机自身因素，立即通知计算机部维护人员到场检修，同时退出收银界面，重新进入系统，使用脱网销售模式继续进行收款作业，待营业结束前再将数据上传系统中心。

（四）收银机死机故障处理

在收款作业中，当遇到收银机突然死机不能正常工作时，立即按“Alt＋Ctrl＋Delete”三个键，终止程序运行，重新启动收银机；或是热启动收银机，重新登录操作。有时在打印机没纸的情况下，收银机会出现暂停的状态，仿佛死机一般，其实这是由打印机造成的计算机假死机，这种情况下重新装好打印纸即可解决问题。

（五）扫描器扫描故障处理

当扫描器不能正常扫描商品条码时，首先检查扫描器接口有没有接好；其次检查商品条码是否有误。如果扫描器在工作时发出“滴……滴……”的声音，这表明扫描器的初始化程序遭到破坏，可以找出扫描枪说明书进行恢复出厂设置即可。

（六）钱箱故障处理

当遇到钱箱不能弹出的情况时，可以进行以下操作：

（1）检查钱箱是否上锁。

（2）检查钱箱后的数据线是否与打印机钱箱接口相连接。

（3）检查钱箱内部电磁阀是否损坏。

（4）钱箱内抽屉是否被异物卡住了。

（5）检查钱箱底部的应急开启杆是否被挤住。

（七）其他异常情况处理

当出现交易结算正常但打印机不打印的情况时，检查打印机的设置，在“前台管理”的“POS机设置”中将“打印机端口”打开，并设置正确的打印机型号。

任务三　收银机相关设备操作

一、条码扫码与录入技能

条码扫码销售是超市类零售企业的主要销售方式，所以在全世界范围内超市又被称作条码扫描商店。商品条码和扫描器的应用，大大提高了商品交易和收银作业的效率。因此，收银员要做好前台收银工作，就必须掌握条码扫描与录入技能。

（一）商品条码

1. 商品条码的概念

商品条码简称商品条码，是将表示一定信息的字符代码转换成用一组黑白或彩色相间的平行线条，按一定的排列组合而成的特殊图形符号。为了便于人们识别条码符号所代表的字符，通常在条形符号的下部印刷所代表的数字、字母或专用符号。

商品条码是用于表示国际通用的商品代码的一种模块组合型条码，是计算机输入数据的一种特殊代码，包含有商品的生产国别、制造厂商、产地、名称、特性、价格、数量、生产日期等一系列商品信息。只要借助于光电扫描阅读设备，即可迅速地将条码所代表的商品信息准确无误地输入到计算机中，并由计算机自动进行存储、分类排序、统计、打印或显示出来。这不仅实现了销售、仓储、订货的自动化管理，而且通过产、供、销信息系统把销售信息及时提供给生产厂家，实现了产、供、销之间的现代化管理。因此，条码是快速、准确地进行商品信息流和物流控制的现代化手段。

2. 商品条码的优点

商品条码作为向电子计算机输入数据的一种特殊代码，具有以下优点：

（1）准确度高。通过扫描条码输入数据，其准确度要比键盘输入高得多。研究表明，键盘输入错误率为三千分之一，而条码输入错误率为三百万分之一。

（2）输入速度快。一般来说，条码输入速度为键盘输入速度的 20 倍。

（3）制作容易。条码易于制作，对印刷技术、设备和材料无特殊要求。

（4）设备经济实用。条码识别装置结构简单、可靠性高、易操作、价格便宜。

商品条码一般印在商品包装上，或将其制成条码标签附在商品上。对于小批量产品来说，条码也可印在不干胶上张贴。

3. 商品条码的种类

目前，常用的条码有国际物品条码，简称 EAN 条形；通用产品条码，简称 UPC 条码；二五条码（Code 25）；三九条形（Code 39）；库德巴条码（Coda bar Bar Code）五种。这五种条码各有特点，分别在不同的领域使用。商品流通领域用于商品标志的条码主要是 EAN 条码和 UPC 条码。

EAN 条码是国际通用的商品代码，有 13 位标准条码（EAN-13 条码）和 8 位缩短条码（EN-8 条码）两种版本。

（1）EAN-13 条码。EAN-13 条码由代表 13 位数字码的条码符号组成，由前缀码、制造厂商代码、商品标识代码和校验码四个部分组成。

（2）EAN-8 条码。EAN-8 条码是 EAN-13 条码的缩短版商品条码的代码结构。EAN-8 码由代表 8 位数字的条码符号组成。EAN-8 条码的前缀码与 EAN-13 条码的前缀码相同；制造厂商代码和商品项目代码用 5 位或 4 位数字表示；最后一位数字为校验字符或校验玛。EAN-8 条码主要用于印刷的空间不足的小包装商品。

（3）UPC 条码。UPC 条码是一种只代表数字的商品代码，有 12 位标准码（又称为 UPC-A 码）和 8 位缩短码（又称 UPC-E 码）两种版本，主要通用于美国、加拿大等北美国家。UPC 条码与 EAN 条码可以兼容。

（二）商品店内码

超市经营的鱼、肉、水果、菜等随机称量销售的生鲜商品，其编码任务一般不宜由商品的生产者承担，而是由零售商自己完成的。零售商进货后销售时，对商品进行简单包装，用专用设备（如电子秤）对商品称重并自动编码，然后打印出条码标签将其粘贴或悬挂在商品包装袋上。零售商编制的代码，只能用于商店内部的自动化管理系统，因此称为商品店内码。

国际上常用的几种店内码模式有 EAN-13 代码、EAN-8 代码、UPC-A 代码和 Upc-E（LAC）代码。

现代超市经营的商品种类繁多，但无论是条码的包装商品，还是店内码的生鲜商品，在前台收银结算时均采用条码扫描的销售方式。

（三）条码扫描技能

1. 条码扫描的原则

要具备熟练的条码扫描技能，应掌握以下三个条码扫描原则：

（1）快速扫描原则。快速扫描，即前台销售时以最快的速度对商品条码进行扫描，这就要求收银员必须熟悉一般商品的条码印刷的位置，扫描时保持印有条码的包装面平整，保证条码正对着扫描器或扫描枪等。快速扫描是提高收银员工作效率、减少客户排队等候时间的重要措施。

（2）一次扫描原则。一次扫描，即在销售时保证每一件商品一次扫描成功。这就要求收银员熟练掌握条码扫描技能，提高条码扫描准确率。重复扫描或多次扫描会造成同一件商品重复计价，从而引起客户不满或投诉，同时也会给企业造成不良影响。

（3）无漏扫描原则。无漏扫描，是指在销售过程中保证每一件商品都被有效扫描过。在客户已经付款的商品中，无商品遗漏扫描或扫描不成功的情况。遗漏扫描会直接造成企业的经济损失，因此保证无漏扫描是收银区域商品防损的重点工作之一。

2. 条码扫描的方法

客户来收银台结账时，收银员应首先协助客户将其选购的商品放在收银台上，然后依次将每件商品的条码正对激光平台或扫描器轻轻一扫，当听到“嘟”的声响后，证明条码扫描成功，商品信息即被输入了收银机；扫描并消磁后的商品即放到台面的另一端，以防止商品重复扫描。

客户所选购的商品全部扫描完成后，立即检查显示屏显示的商品信息与客户所购商品是否一致，同时注意检查购物车或购物篮的底部及客户手中是否还留有未扫描的商品，以防扫漏。另外还要特别注意避免商品扫描不成功，而未进行人工扫描以及未按使用数量键的遗留商品的检查，避免重复扫描商品等工作上的失误。

3. 扫描例外的处理

收银员对商品的条码经过多次扫描都不成功的情况称为扫描例外。常见的条码扫描例外及其处理措施如下：

（1）条码失效的处理。条码失效通常是由于商品包装上的条码损坏、有污渍、有磨损，或是由于条码印刷不完整、不清楚（多见于生鲜商品）而导致的。

条码失效情况的处理措施是：

1）在同类商品中找出正确的商品条码，用键盘录入的方式解决；

2）对于印刷不完整、不清楚的生鲜商品条码，用电子秤重新称量并打印条码标签。

（2）条码无效的处理。条码无效一般是由于商品包装上的条码编码错误、条码重复使用，或是使用了假条码而导致的。

条码无效情况的处理措施是：

1）核实商品的售价，将商品出售给客户，以免客户等候；

2）将条码无效情况进行记录，通知销售管理人员进行解决。

（3）多种条码的处理。多种条码的情况通常是由于商品包装的改变，或是进行商品促销时促销装商品的赠品条码有效而导致的。

多种条码情况的处理措施是：

1）核实正确的商品条码，并正确计价后出售给客户；

2）通知销售管理人员改正所有的非正确条码，对有错误的条码予以完全覆盖。

4. 无条码的处理。商品无条码的情况一般是由于商品包装本身无条码、自制条码脱落或是由于商品的条码丢失而导致的。

商品无条码情况的处理措施是：

（1）首先找出正确的商品条码，然后用键盘录入的方式解决；

（2）及时通知销售管理人员对剩余的同类商品的条码进行检查。

收银员在工作中遇到扫描例外的情况时，要主动对客户说“对不起”，告知出现商品扫描例外的情况，并先将正常扫描的商品进行结账，请客户稍作等候；然后立即将扫描例外的情况通知在班收银主管到场处理；待例外问题解决后，再及时将该扫描例外的商品出售给客户。

（四）键盘录入技能

键盘录入方式也称为人工扫描，即对机器多次扫描无效的商品条码改用手工键盘录入操作。前台销售过程中，经常会遇到因商品条码失效等原因造成的机器扫描不成功的情况，在这种情况下，收银员应果断采用键盘操作，手工录入商品条码下面的数字，并利用键盘录入商品的销售数量，从而完成商品销售及收款工作。键盘录入主要使用的是键盘上面的数字小键盘，因此要提高收银工作效率，就要求收银员熟悉数字小键盘，做到不看键盘（盲打）能快速准确地输入数字。

采用开放式售货的百货商场、购物中心、专卖店等零售企业，其销售特点是采用店内码开单销售。收银员在收款时，凭借营业员开出的销售小票，手工录入商品的店内码，调出商品信息，完成销售收款工作。因此，这类企业属于全部采用人工扫描销售方式。

键盘录入指法（图 4-19）：5 号键用右手中指，有凸起便于手指定位，右手食指管“147 锁定键”，中指管“258/”，无名指管“.369＊”小指管“回车、＋、－”，拇指管“0”。

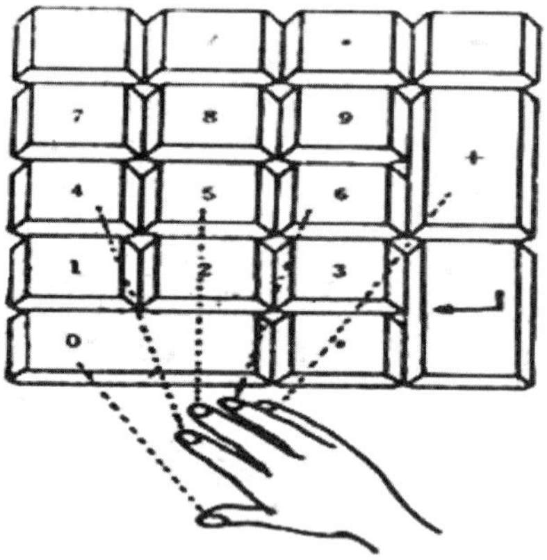

图 4-19　键盘录入指法

二、商品消磁与装袋技能

商品消磁与装袋是收银员必须掌握的两项服务技能，也是收银作业流程中两个重要的工作环节。商品消磁是企业防盗措施中非常重要的一部分，消磁不仅可以保证商品的安全，同时也可以避免由于未消磁而引起的不必要的麻烦；而商品装袋则是收银员服务质量的重要体现。因此，作为一名收银员，掌握这两项技能是十分重要的。

（一）商品消磁技能

1. 商品消磁对象

商品消磁就是对固定在商品上的防盗标签进行解除磁性的操作。销售商品常用的防盗标签分为软标签和硬标签两种。

（1）软标签。

软标签从外形上看就是一张纸条，看似一般的价格标签，实际上却是有磁性的防盗标签，所以也叫它防盗软标签（图 4-20）。它主要被贴在有外包装且包装不容易打开、体积较小、价值较高的商品上，如保健品、酒类、化妆品、电池等。其特点是：成本较低，一次性使用，具有隐蔽性。

软标签的消磁处理需要解码器（图 4-21）。解码器也叫消磁板，有接触式和非接式两种。对于接触式解码设备需要将商品放置在解码器上面方能解码。目前市场上多为非接触式解码设备，它有一定的解码高度，当收银员收款或装袋时，软标签无须接触消磁区域即可解码。也有将解码器和激光条码扫描器合成到一起的设备，做到商品扫描和解码一次性完成，方便收银员的工作。

图 4-20　软标签

图 4-21　解码器

（2）硬标签。

硬标签是指难以移走或被破坏的坚固标签。客户付款后，收银员需用特定工具，如硬标签拔除器、取钉器、开锁器等将硬标签取下并收回。硬标签主要用于没有外包装或包装比较容易被打开，且价位较高的商品，如服装、鞋帽、皮具、酒类和高档食品等。其特点是：一次性投资，可循环使用，具有永久性，不具备隐蔽性。常见的硬标签及开锁器如图 4-22 和图 4-23 所示。

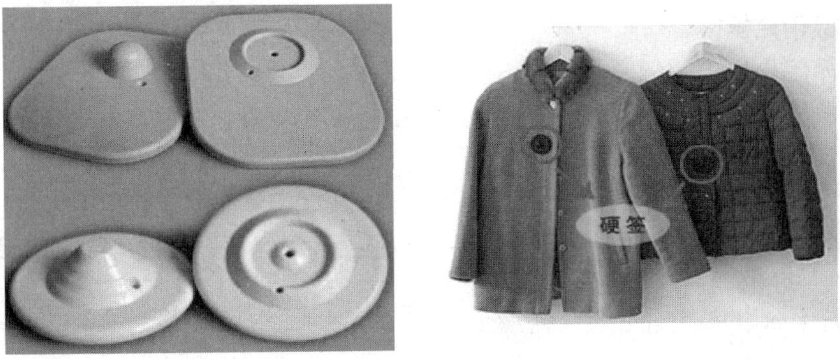

图 4-22　硬标签

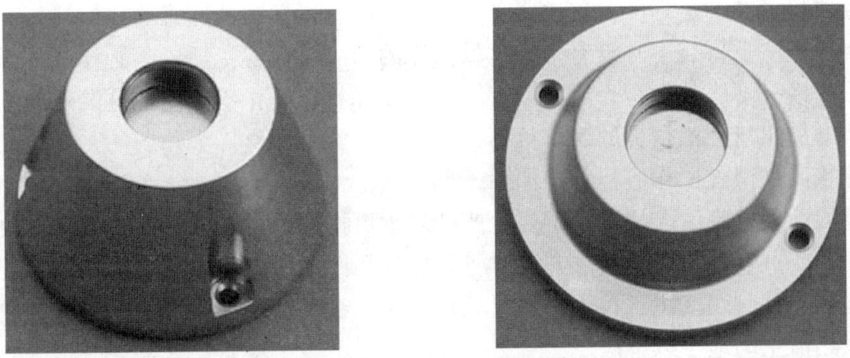

图 4-23　开锁器

另外，还有些硬标签可与防盗绳配合使用（图 4-24）；在书籍类商品中常使用磁条（图 4-25）。

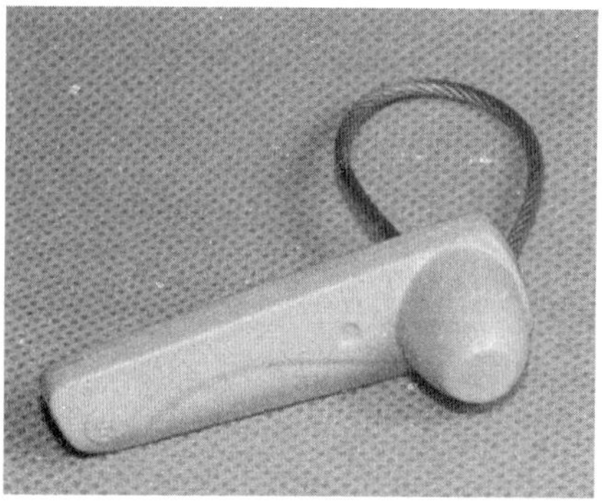

图 4-24　硬标签与防盗绳

图 4-25　磁条

2. 商品消磁原则

（1）快速消磁原则：即以快捷的速度将每一件已经扫描成功的商品进行消磁。

（2）无漏消磁原则：即保证每一件商品都经过消磁处理，且须确保消磁成功；包括熟悉商品消磁的正确方法和有效的消磁空间，掌握重点消磁的商品。

（3）保护商品原则：进行硬标签手工消磁时，不能损坏商品，应轻取轻拿。

3. 商品消磁操作

（1）所有出售的商品必须经过消磁处理，才能给客户装袋带走。当客户携带商品来收银台结账时，收银员扫描商品的同时对商品进行消磁处理，以便客户在离开时能够顺利地把自己已经付款的商品带走。

（2）使用软标签的商品，要将其放置于消磁板上消磁，也可以使用手持式消磁器对其进行消磁。另外，为了使商品彻底消磁，需要翻转商品，以免因为消磁不彻底而给客户和企业带来不必要的麻烦。

（3）对于使用硬标签的商品，应将标签突出的一端插入开锁器中，然后将硬标签取下。硬标签商品应每扫描一个就取一个标签，并将其收好以便再次利用。

（4）对服装类商品进行消磁、取硬标签后，必须将其折叠整齐，这不仅提高了收银员的服务质量，在一定程度上也说明了收银员训练有素。需要注意的是：在折叠服装的同时，要检查一下口袋中有没有未经付款消磁的商品，以避免造成不必要的损失；还要用手轻按或摸一下服装上是否还有没有取下的硬标签，防止出于收银员的疏忽给客户带来麻烦，增加出口处稽核员的工作负担。

硬标签商品消磁操作流程示范如图 4-26 所示。

（5）取下硬标签后，如客户不要此商品或欲更换商品时，收银员将商品在收银机上作“更正”或“取消”操作后，并及时将硬标签扣回原位。在收银员工作的过程中，经常会遇到客户临时改变主意，不想购买某种商品。在付款之前，这些都是合理要求，收银员应该热情主动地予以解决。

（6）如客户因出门报警又返回收银台重新消磁时，收银员须先查看销售发票或小票，确定该商品是否结账后再进行消磁处理。如果该商品已经付款，收银员应立即进行重新消磁，并向客户道歉；如果此商品未付款，应礼貌地要求客户付款，切记态度要温和；如果一旦发生纠纷，收银员应立即请求负责人帮助解决，不可影响其他客户结账。

①寻找硬标签

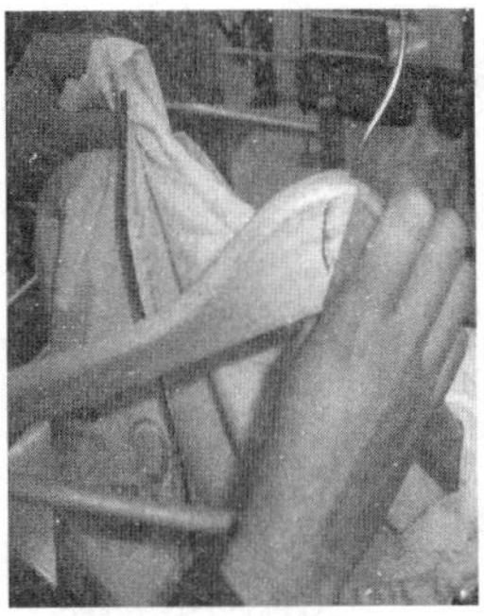
②取下挂衣架

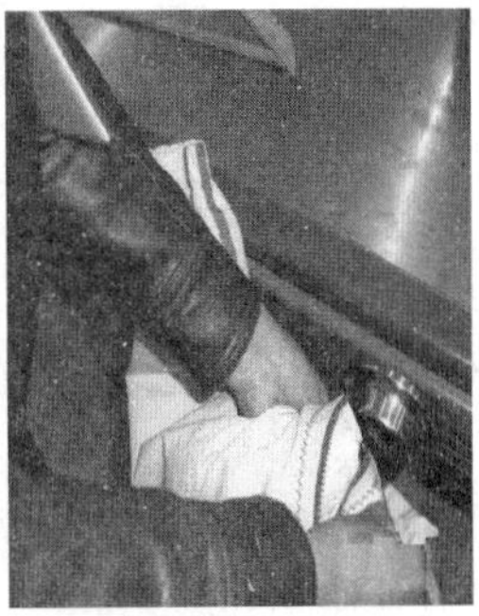
③将硬标签插入开锁器

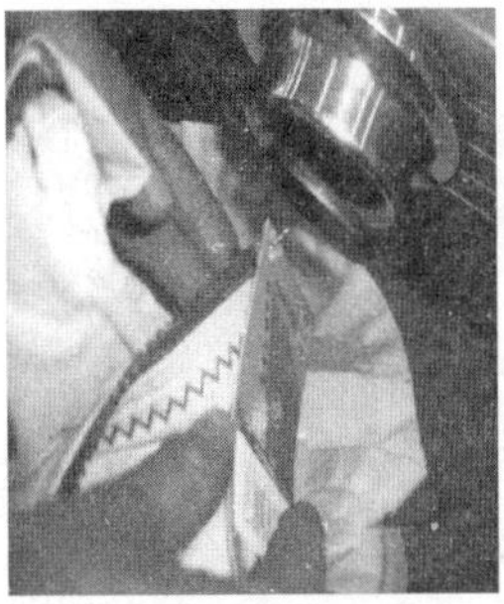
④取下硬标签

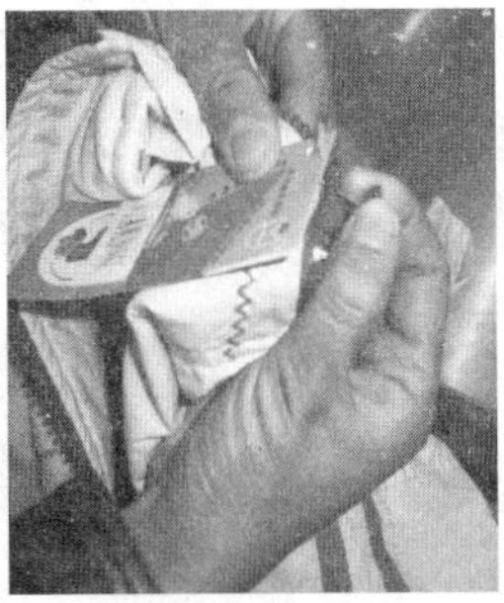
⑤拿掉钉扣

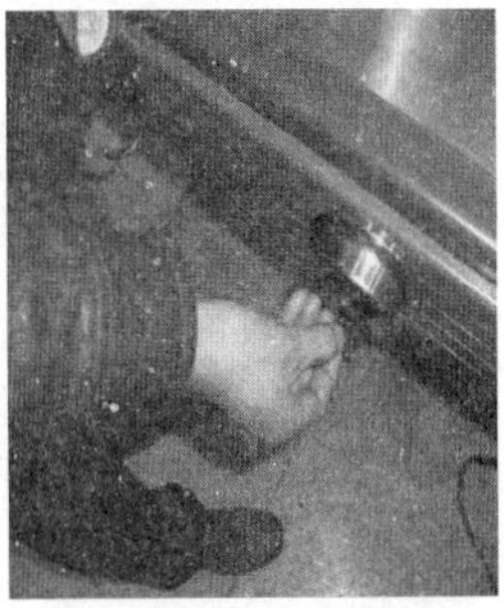
⑥将钉扣复位

⑦将硬标签拿离开锁器

⑧整理衣服

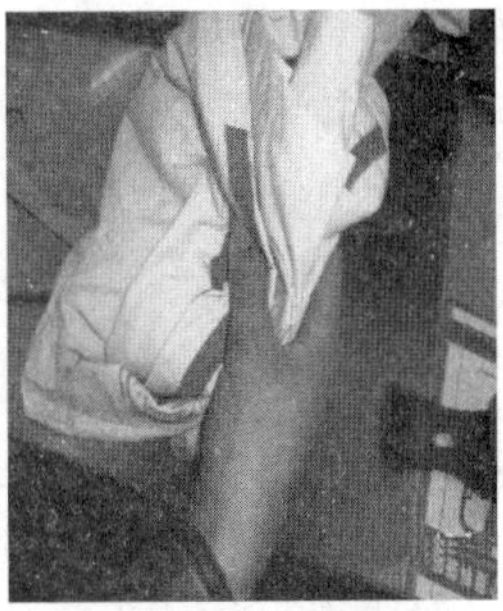
⑨折叠整齐装袋

图 4-26　硬标签商品消磁操作流程

4. 消磁硬标签的管理

（1）为尽量减少企业商品的损耗，应加强对硬标签的回收管理。硬标签必须把商品和店内码卡在一起，以防商品被调包和商品无条码。

（2）收银员收银作业时，如发现商品上有非硬标签所卡条码，必须核对商品描述；如有疑问，婉言拒收该商品，但此时收银员的态度就极为重要，可能会因为一个表情或一句不该说的话而引起客户不满甚至引起争执。

（3）收银员取下硬标签，合上扣钉放于收银台内的指定位置。这一步骤不仅使其他回收环节更容易操作，同时也在一定程度上表现出收银员的训练有素。

（4）收银员每次处理硬标签时，按要求必须把收银台内回收的硬标签集中于一个收银台处理，如集中收银台已锁，则交于总收款室指定位置。

（5）集中收银台的收银员每天上班从总收款室领出前一天所收的硬标签，并及时将硬标签扣钉分开，放在两个不同的容器内，以便再次使用。

5. 消磁作业应注意的问题

（1）只有正在进行扫描收款的在班收银员才能对商品进行消磁作业；只有在客户购买结算的过程中才可以对商品进行消磁处理。收银员要保证所有付款后的商品正确消磁，未付款商品不能消磁。

（2）每天营业前必须检查消磁板是否正常工作。客服部应发给每名收银员一个防盗签，此签由收银员保管，专门作为收银员检测消磁板是否处于正常工作状态时使用。

（3）接通电源后，收银员应将一只手按在消磁板盖板上，另一只手拿防盗签在盖板上晃动，如消磁板发出“嗡嗡”声，同时放在消磁板盖板上的手有轻微颤动的感觉，说明消磁板处于正常工作状态。

（4）如使用防盗签检测消磁板时，既无声响也无颤动感觉，说明消磁板电源未接通或有故障，此时应揭开收银台面板，将消磁板与电源线的接触部分按紧，同时检查电源插头与电源插座是否连接好，这些工作做完后如消磁板右下角的指示灯已亮，说明消磁板电源已接通，可以正常工作了。

（5）确认电源线连接无问题而消磁板指示灯不亮，应请电工对电源线进行检测。如电源线有问题，则更换电源线；如电源线无问题，则上报收银主管联系设备供应商对设备进行检测。

（6）收银监察员反映某收银台有消磁不净的问题，此收银台收银员应按上述方式重新检测消磁板是否处于正常工作状态。

（7）应避免将商品和包装袋压在消磁板电源上，否则容易造成消磁板与电源线接触不良而导致消磁板断电。

（8）要特别注意体积小、价格高的商品消磁，如口香糖、巧克力、中高档内衣裤、化妆品、洗涤用品等。在对商品进行消磁时应尽量降低商品的高度，并将商品的正反面分别进行消磁。

（9）每天结束收银工作后应关闭消磁板电源。

（10）特别注意不要将防盗硬签的钢钉丢弃在地板上，否则会引起人身伤害事故，由此引起的后果应由肇事者负全部责任。

6. 消磁例外的处理

客户携带已付款结账的商品经过出口处的防盗探测门时引起报警，称为消磁例外。常见的消磁例外有两种情况：一是遗漏消磁，即客户已经付款的商品在收银台未经过消磁处理；二是消磁无效，即由于对商品消磁的方法不正确，超出消磁空间引起的，对于消磁例外的处理方法是：

（1）对返回的已结账而未消磁的商品，对于收银员来说应该第一时间进行消磁处理，以尽量减少客户的麻烦，同时也可以节约时间，提高效率，还可避免浪费其他客户的时间。

（2）对客户和监察员说“对不起”，表示歉意。这是对于收银员来说最为重要的一个程序，这不仅体现出收银员自身的素质，同时也可以说明本企业的服务质量，使客户更加信赖，从而提高企业的知名度。

（3）记住例外的商品名称，使下一次能够正确消磁。此类例外事件并不多，但一旦发现应尽量减少它的再次发生，这样不仅可以给其他客户和监察员带来不必要的麻烦，而且可以提高收银员的工作效率，提高客户的满意度。

（4）现场处理因未消磁引起的客户报诉问题。收银工作中会遇到很多的意外事件，收银员不可与客户发生争执，应与收银领班或主管联系，降低对本商场或超市的信任。

（二）商品装袋技能

商品装袋是收银工作中一个非常重要的环节，是体现收银员服务质量的一项重要指标。商品装袋看似容易，但往往由于该项工作做得不好，如由于收银员的粗心大意，或是没有掌握该项工作的操作技能，而使客户扫兴而归，从而影响到收银员的服务质量，进而会对企业造成不良影响。因此，每一名收银员都应掌握商品装袋的原则和技巧。

1. 商品装袋的基本原则

（1）征求客户用袋意见。由于国家发布了“禁塑令”，要求自2008年6月1日起，在全国范围内所有超市、商场、集贸市场等商品零售场所一律不得免费提供塑料购物袋。因此，收银员在收银作业中应首先询问客户是否需要有偿购物袋，然后根据客户的意见再考虑如何进行装袋操作。

（2）正确选择购物袋。购物袋的尺寸有大小之分：特大（14＋8）cm×22cm，大袋（12＋6）cm×21cm，中袋（9＋6）cm×18cm，小袋（7＋4）cm×12cm。根据客户所购商品的大小、多少来正确选择购物袋是收银员装袋作业的基本要求。究竟用一个大的购物袋还是用两个小的购物袋，由商品的类别和重量来决定，另外还要考虑到客户的切身需要。

（3）将商品分类装袋。商品分类是非常重要的。正确、科学地分类装袋，不仅提高了收银员的服务水平，增加客户的满意度；也体现了尊重客户、尊重健康的理念，从而能够在一定程度上提升企业的知名度。

2. 商品装袋的分类原则

根据科学、卫生、健康的理念，商品装袋作业中要掌握以下分类装袋的原则：

（1）生鲜类食品（含冷冻食品）不与干货食品、百货食品混合装袋。

（2）生鲜食品中熟食、面包类即食商品不与其他生鲜食品混装，应生熟分开。

（3）生鲜食品中的生食、海鲜不与其他生食品混装，避免串味；水果不能和未处理的生鲜蔬菜放在一起，等等。

（4）化学用剂类（如洗发水、香皂、肥皂、各类清剂、杀虫剂等）不与食品、百货类商品混装。

（5）服装、内衣等贴身纺织品，不与食品类商品混装，以避免污染。

（6）日用品与食品分装（少量且包装完善的商品除外）。

（7）其他比较专业的、特殊的商品一般不混装，如机油、油漆等。

3. 商品装袋的操作技巧

商品装袋时对购物袋的使用以节省为原则，尽量使用中、小号袋，大袋兼用，必要时才用特大号袋；而且还要保证装袋作业做得又快又好。要做到这些，就需要收银员掌握一定的装袋技巧。

（1）较硬与较重的商品应垫底装袋，这样可以避免压坏其他商品或导致袋子某一方向过重而使客户提拎不便，如液体类的饮料、油、各种洗涤用品等。

（2）正方形或长方形的商品装入包装袋的两侧，作为支架，从而可以使全部商品较整齐地排列，一定程度上增大了购物袋的盛物空间。

（3）瓶装或罐装的商品放在中间，以免受外来的挤压而破损，如罐头、蜂蜜等商品包装本身是用玻璃等易碎材质制作，为了不致使客户受到一些不必要的损失，就要求收银员在装袋环节做到细致入微。

（4）易碎品或轻泡的商品放置在上方。有一些受轻压就会变形或损坏的商品，如工艺品、饰品等，要求装袋时将其置于购物袋的上方。还有一些商品较轻泡，如薯片等膨化食品、毛绒玩具等，虽然不重却占据了购物袋的很多空间，原则上也是将其置于购物袋的上方，原因是一方面避免造成购物袋下部较轻不便提拎；另一方面要照顾客的感受。

（5）冷冻品、豆制品等容易出水的商品以及肉类、蔬菜等易流出汁液的商品，应先用包装袋装好后再放入大的购物袋中，或经客户同意不放入大的购物袋中。由于这类商品受压后会流出汁液，如无隔离包装很可能污染其他商品。因此，先行包装或另外单装是十分必要的。

（6）装入袋中的商品不能高过袋口，以避免客户提拿时不方便。遵循装袋原则的同时要注意从客户本身考虑，不能只顾节省购物袋而给客户带来不便。

（7）已经扫码输机的商品够装 1 个包装袋的数量时应先装袋，装袋后的商品放置在操作台后端，不得将商品凌乱地摆放在操作台面上。这样不仅影响收银员的工作效率，也会影响到企业的形象。

（8）对于包装袋装不下的体积过大的商品，要用绳子捆好，以方便客户提拿。

（9）商品装袋后要求袋口拎襻能接合不紧绷，两只拎襻受力均匀，整袋商品的放置不明显倾斜，这样主要是保证客户的提拎方便。

（10）对客户提出的分袋、装大袋等要求，收银员应提醒客户每种型号购物袋的不同价格，让客户考虑使用。对客户提出的绳扎、装箱等其他要求，只要是合理的，收银员可建议客户到服务台办理。

（11）装袋时要绝对避免不是一个客户的商品放入同一个袋中的现象，同时提醒客户带走所有包装入袋的商品，防止其将商品遗忘在收银台上的情况发生，这是提升企业信用度的一个重要方面。

（12）装袋时要注意操作的时机，趁客户拿钱时，可先行将商品入袋，一旦客户拿钱结账，应立刻停止装袋作业，为客户结账。超市在促销活动中所发的广告页或赠品要确认已放入包装袋中。

4. 商品包装的安全检查

商品包装检查是收银员对客户服务的一项重要内容。进行商品包装检查的目的是为了能够及时发现可能造成损坏的商品以及伤害客户、损害本单位利益的不当包装，并提醒或帮助客户正确处理。

进行商品包装检查的原则及程序如下：

（1）商品扫描结算完毕，要分类进行装袋。商品装袋前，收银员要对入袋商品逐一检查，特别是对易碎的瓶装商品、易破的袋装有汁食品以及压缩包装的袋装食品等要重点检查。仔细察看易碎瓶装商品有无裂缝，袋装有汁食品有无汁液流出，压缩袋装食品有无胀气变质等，以免给客户造成伤害。

（2）能开包装商品（商品包装未封口，如牙膏等）或封口被开启过的商品，必须在扫描后打开包装检查，并将实物与收银机显示的品名、规格进行认真核对。一方面为了防止由于可拆包装商品装错给客户带来麻烦；另一方面也存在有些客户故意调换商品，如将高价商品装入低价商品的包装中，或将一些小件商品装入其他高价商品的包装当中，这样会给企业带来较大的损失。因此，收银员作为企业的一员应当认真负责，仔细检查此类商品的包装。

（3）对于商品原包装封口被破坏，即使已被重新封口的商品也要打开包装检查，即非原包装商品都要开包检查，以防由于商品装卸、上架可能造成里面商品损伤或破碎以及由于工作人员疏忽可能造成的商品错装等情况发生，损害消费者的利益。

三、银联 POS 机使用技能

（一）银联 POS 机的概念

银联 POS 机即银联 POS 刷卡机，又叫金融 POS 终端机，是安装在商户的收银台内，为持卡人（客户）提供授权、消费、结算等服务的专用银行电子设备。

银联 POS 机通过通信线路和收单行或银联中心与发卡机构的主机相连，可自动识别银行卡的真实性、合法性、有效性，具有自动授权和自动转账的功能，是实现消费不用现金，将纸币交易转化为电子交易的一种银行专用电子设备。过去常见的 POS 机均为只接受磁条卡的 POS 机。目前，大部分商场、超市使用的 POS 为 IC 卡 POS 机，是指能够读取 IC 卡上的信息的 POS 终端设备。它的结构是在只接受磁条卡的 POS 机上增加了一个读取 IC 卡信息的模块。大部分的 IC 卡 POS 机既能读取 IC 卡信息，又能读取磁条卡信息。

（二）银联 POS 机的构成和通信方式

1. 银联 POS 机的要件构成

银联 POS 机（图 4-27）主要由以下四个部分构成：

（1）终端机（主机）：终端机用于采集银行卡磁条数据信息，并与收单银行或银联中心进行数据信息传送和接收。

（2）密码键盘（客户键盘）：交易时给持卡人输入密码的部件。

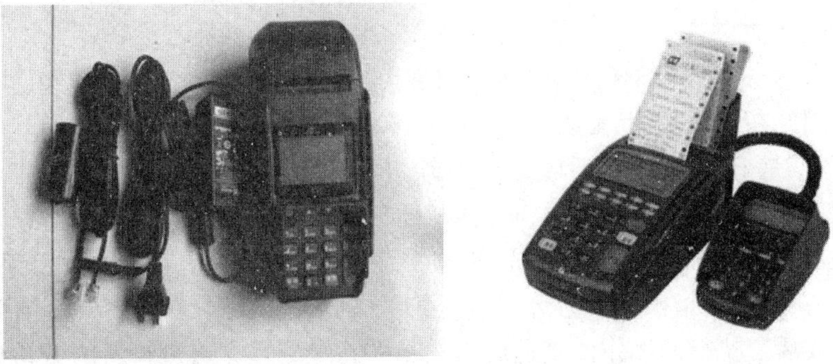

图 4-27　银联 POS 机

（3）打印机：交易完成后打印签购单的部件。

（4）电源：为POS机转换提供电源的部件。

以上四个部分通过电缆连接，组成一个完整的POS终端系统。有的POS终端机和密码键盘是分开的；有的终端机和密码键盘是在一起的；有的终端机和打印机在一起；有的POS机是终端机、密码键盘、打印机三者合一的一体机；而新型的无线POS机则是四个部分合一的高端机器。

2. 银联POS机的通信方式

（1）有线通信方式。通过电话线连接，以MODEM拨号的通信方式，称作有线方式。

（2）无线通信方式。无须电话线，采用GSM短消息或GPRS或CDMA等移动通信方式，称作无线方式。

（三）银联POS机的功能

1. 脱机功能

脱机功能是指POS机在不与银行主机或网络中心连接的情况下自身具有的功能。如增加操作员、重新打印等。脱机功能因POS机种类、型号、供应商提供的软件的不同而有所区别。

银联POS机主要的脱机功能有：

（1）查询功能。该功能可以查询本台POS机的交易流水和小计，也可以根据交易流水号或卡号进行查询。收银员根据POS机界面的功能菜单，选择“查询流水”，再选择按何种方式（如按凭证号或按卡号等）进行查询即可。该功能只能查询到POS机当批未结算前的交易。

（2）柜员功能。收银员根据POS机界面功能菜单，选择相应功能，并按照POS机屏幕上的操作提示进行即可。有些重要权限，如增加、删除POS机操作员，修改密码等，需主管用户才有权进行操作。

2. 联机功能

联机功能是指POS机必须与银行主机或网络中心连接的情况下才可以实现的功能，按照交易类型不同分为金融类交易和非金融类交易两种。非金融类交易指不涉及银行资金的交易，如签到、签退等交易；金融类交易是指和银行资金、授权有关的交易，如消费、授权、撤销等交易。

银联POS机主要的联机功能有：

（1）非金融类交易。

1）查询：是指在POS机终端查询持卡人的银行卡余额的交易（有些发卡行未开放该项功能，因此在POS机上无法查询其银行卡的账户余额）。

2）签到：是POS机开机后收银员必须进行的第一项操作，是以联机方式把终端号、商户号上传给收单行或银联主机，主机再以交易响应的方式把相关信息回传给POS机，POS机完成签到后才能开始交易。

3）签退：签退是指操作员为结束当前POS机工作状态，在日终营业结束、POS机交易结算完成后需执行的操作。签退后需重新执行签到，方可进行新的交易处理，有的POS机也设置为在完成结算后，自动签退。

（2）金融类交易。

1）消费：是指持卡人在特约商户购物、餐饮或其他消费时用银联卡进行支付的交易，可分为在线消费交易和离线消费交易两种。

2）消费撤销：是指在当日消费成功后，持卡人或收银员发现消费金额有误或其他情况（如持卡人要求取消原交易等），在当日 POS 机结算前，需要取消原交易的交易。

（3）预授权类交易。预授权类交易多用信用卡，有些借记卡也可支持该类交易。

1）预授权：是指宾馆、酒店类商户在预先估计了持卡人的消费金额后，通过 POS 联机取得预授权号码，保证持卡人账户中有足够支付金额的交易。可理解为暂时冻结持卡人账户中预授权数目的金额以做押金，但该金额还在持卡人账户中，在预授权完成（或者结算时）才按实际消费金额划归商户。

2）预授权撤销：是指预授权操作失败或者其他原因（如改用其他方式进行支付等）需要撤销原预授权的交易。预授权撤销完成后，原预授权金额解冻。

3）预授权完成：是指预授权交易批准后，持卡人在特约商户（超市、酒店或其他消费场所等）POS 机终端上结账支付时使用本交易。预授权完成视同消费成功，按持卡人的实际消费金额从其银行账户扣款，同时解冻原预授权金额。

4）预授权完成撤销：是指由于操作失误等原因，收银员对当日已完成的预授权完成交易，在当日 POS 机结算前进行撤销，该交易类似于消费撤销。

（4）自动冲正。自动冲正是指由于超时或未收到有效响应包等原因，POS 机自动产生原交易的冲正交易，并在下笔交易之前发送给主机，直到冲正成功。查询交易无冲正。冲正交易由 POS 机自动发起，无须收银员进行操作。

（5）结算。该功能是每天营业结束或收银员交接班前，收银员必须做的一种交易。POS 机通过结算与收单银行或银联中心进行对账处理，并打印交易流水凭单，收银员可根据流水凭单核对 POS 签购单据。

（四）银联 POS 机的操作

银行卡购物消费是通过银联 POS 终端机来实现的。银联 POS 机的基本操作程序如下：

1. 签到

开机后根据屏幕提示，进行签到。输入操作员号码和密码，按【确认】键，由 POS 机自动处理，签到成功后则自动进入主界面。所有的交易都必须在主界面下才能完成。在主界面下，按【菜单】键进入联机交易界面；按【功能】键进入 POS 机管理界面。

2. 消费

客户持银行卡消费结算时，直接进行刷卡操作。刷卡后，根据 POS 机提示确认银行卡卡号，然后输入交易金额并确认，根据提示选择密码输入方式，请客户输入密码之后，POS 机自动处理。

3. 消费撤销

按【菜单】键后选择“撤销”，根据屏幕提示输入主管密码，按【确认】键，然后输入原交易凭证号，并确认原交易金额；接着进行刷卡并确认卡号，选择密码输入方式并输入密码后，POS 机自动处理。

4. 余额查询

按【菜单】键后选择“查询”，进行刷卡并确认卡号，选择密码输入方式并输入密码后，POS 机自动处理，如操作成功则正确显示银行卡余额。

5. 对账

按【菜单】键后选择“对账”后再选“批结算”，根据屏幕提示逐一【确认】各提示统计信息后，POS 机自动处理。如对账平（正确）则打印对账单；如对账不平（不正确），则发起批上送，与银联中心系统进行逐笔对账。打印结账单后，根据提示选择是否打印交易明细，之后 POS 机处于签退界面。

6. 交易打印

按【功能】键后选择“交易打印”后，根据需要选择相关功能。

（1）选择“末笔”：打印最后一次的交易凭证；

（2）选择“某笔”：打印没有结账前的相应凭证号的交易凭证；

（3）选择“明细”：打印没有结账前的各笔交易情况；

（4）选择“总计”：打印结账前的交易汇总情况；

（5）选择“上批结算”：打印上次的 POS 机结账凭证。

7. 交易查询

按【功能】键选择“交易查询”后，根据需要选择相关功能。

（1）选择“查询指定交易”：查询当前（结账前的）某一笔交易的详细情况；

（2）选择“查询交易明细”：查询当前所有交易的详细情况；

（3）选择“查询合计”：查询当前的交易汇总统计情况。

8. 管理操作

按【功能】键选择“管理操作”后，根据需要选择相关功能。

（1）选择“签到”：POS 机重新进行签到处理；

（2）选择“签退”：POS 机退出交易状态；

（3）选择“锁定”：对当前操作进行锁定，按确认键并输入锁定的操作员密码后才能正常使用；

（4）选择“改密”：更改操作员密码。

银联 POS 机操作流程如图 4-28 所示。

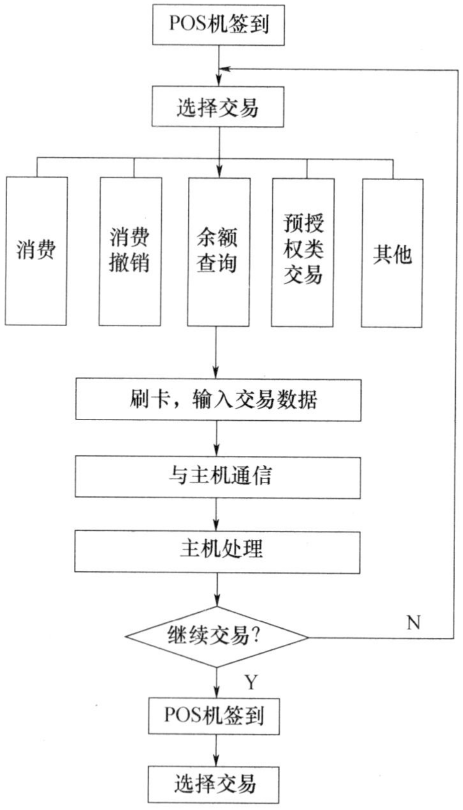

图 4-28　银联 POS 机操作流程

（五）银联POS机的问题及处理方法

1. 常见问题（电话线类）（表4-1）。

表4-1　银联POS机常见问题（电话线类）

现象	原因	处理方法
POS机显示“无拨号音”，按电话机键盘也无声音	电话线未接好	（1）检查POS机背后的电话线是否正确插入“电话/网络”插口 （2）可用电话机检查是否可听见电话音 （3）如仍未解决请找电工
POS机显示“无拨号音”，按电话机可听见电话音，并可向外打电话	（1）该POS机使用的电话线上并接设备太多 （2）该电话线上的其他设备对POS机产生干扰 （3）电话线接触不良	（1）断开其他连接设备 （2）将电话线接牢 （3）如仍未解决请找电工
POS机多次拨号及拨号延时后仍显示“外线无拨号音”	（1）分机外线未打开或加锁 （2）POS分机前缀设置错误 （3）交换机工作不稳定或出现故障	（1）与总机室联系，开通分机电话外线 （2）尽快联系装机人员重新设置分机前缀 （3）尽快通知电工解决交换机问题
POS机显示“拨号延时”多次或“无载波”3次以上才能完成交易	（1）POS分机前缀设置错误 （2）总机未开通外线 （3）电话被锁或有防盗功能	（1）重新设置分机前缀 （2）请总机开通外线 （3）解锁或关掉防盗开关
POS机显示“电话忙”	（1）大型商户多台POS机共用电话外线 （2）银行后台主机电话忙 （3）电话因故障处于忙状态 （4）分机未开外线	（1）稍等几分钟再作交易 （2）电话线路故障请找电工或电信局人员维修 （3）请总机开通分机的外线

2. 其他问题（表4-2）

表4-2　银联POS机其他问题

现象	原因	处理方法
POS机显示查询发卡方	（1）未登折笔数太多（借记卡） （2）是否超出每日消费限额的限制 （3）发卡行主机故障 （4）发卡行其他监控交易要求	提示持卡人与其发卡行联系
发卡方超时	POS机收不到发卡方应答又未正常冲正	做一次“查询”后重新刷卡
刷卡后无反应	银行卡磁条损坏或刷卡方式不对	重新刷卡，若仍无反应，则可能是卡磁条损坏，提醒持卡人到发卡银行更换卡
交易成功不打单	（1）打印机电源可能未插好 （2）打印机卡纸	检查打印机电源连接是否正常，使用“重打印”功能
做交易时，提示“无效交易”或“怀疑操作有误”	发卡行不允许做此类交易或撤销类交易操作输入信息有误	重试，输入正确信息或与收单行当地银行联系

续表

现象	原因	处理方法
POS 机一开机就死机	POS 机按键被卡住	将卡住的按键恢复
POS 机屏幕无显示	（1）POS 机显示屏坏了 （2）电源未插好	（3）更换 POS 机 （4）插好电源
日终处理时发现 POS 机统计数据与 POS 签购单合计不一致	交易成功未能打印出 POS 签购单或签购单丢失	查询交易明细，重打 POS 签购单；查看上一个工作日是否未作 POS 机结算

◇同步实训◇

实训题

1. 通过训练，使学生掌握手持式单指单张点钞做到清点货币既准又快，并准备好计时秒表，将成绩记录在表 4-3 中，要求采用“定时不定量”的方法，既要速度快，又要计数准确，同时捆扎质量也要达标，点钞的质量要求如下：

（1）清点计数必须准确，数额不准，不计成绩；

（2）钞票捆扎合格，钞票四边整齐，扎把要紧，扎钞纸扎在钞票的中间；

（3）盖章清晰；

（4）清点前，清点后，钞票要摆放整齐。

如果点钞时存在捆扎不合格、盖章不清晰情况中的一种，每把在清点正确 100 张的情况下扣质量分。

表 4-3　手持式单指单张点钞的训练等级评价

点钞时间	点钞正确数量	标准	要求
5 分钟	5～6 把	初级	清点准确 捆扎合格 盖章清晰 摆放整齐
	7～8 把	中级	
	9～10 把	高级	

2. 通过训练，使学生熟练掌握打开 POS 收银机的先后顺序以及登录到前台销售收款界面的规定操作程序。

评价标准如下（总分 4 分）：

（1）是否按照开机程序操作；（1 分）

（2）是否检验消磁板已开启；（1 分）

（3）正确登录并进入前台销售收款界面；（1 分）

（4）检查收银机和 POS 收银系统。（1 分）

评分表格见表 4-4。

表 4-4　打开收银机先后顺序及登录销售界面操作评分表

训练次数	开机程序	检验消磁板	登录销售界面	检查收银机和 POS 系统	总分
1					
2					

续表

训练次数	开机程序	检验消磁板	登录销售界面	检查收银机和POS系统	总分
3					
4					
5					
6					

3. 通过训练，让学生熟练掌握商品条码扫描的具体步骤以及服务标准，掌握如何正确、快速地使用扫描器进行商品扫描操作，全面了解条码扫描器和商品条码的有关知识。

评价标准如下（总分20分）：

(1) 是否将商品从购物篮内取出；(1分)

(2) 是否按类别对商品进行次序扫码；(2分)

(3) 是否快速找到商品条码；(2分)

(4) 扫码动作是否准确迅速；(4分)

(5) 扫码是否一次成功；(4分)

(6) 商品数量是否扫描准确，无商品遗漏扫描，也无重复扫描现象；(3分)

(7) 商品扫码后是否核对屏幕上的商品名称、价格、数量；(2分)

(8) 经扫码的商品是否置放操作台后端，放置位置是否合适。(2分)

扫描操作评分标准见表4-5。

表4-5　扫码操作评分标准

分数	标准
12～15分	合格
16～18分	良好
19～20分	优秀

扫描操作评分见表4-6。

表4-6　扫描操作评分表

训练次数	从栏中取出商品	按类别扫码	找条码的速度	动作准确迅速	一次成功	扫描数量准确	是否扫码后看屏幕	扫码后商品放置	总分
1									
2									
3									
4									
5									

4. 通过训练，使学生正确掌握退出收银系统和关闭收银机的操作程序。评价标准如下（总分5分）：

（1）是否按正确程序退出收银系统；（2 分）

（2）是否按正确程序关机；（2 分）

（3）操作是否熟练无误。（1 分）

扫描操作熟练度评分见表 4-7。

表 4-7　扫描操作熟练度评分表

训练次数	退出收银系统	正确关机	操作熟练度	总分

项目五　收银业务操作

学 习 目 标

1. 熟悉收银员营业前、营业中、营业后作业流程。
2. 熟悉收银员现金收银操作流程及掌握收银员现金收银操作程序。
3. 熟悉收银员银行卡收银操作流程及掌握收银员银行卡收银操作程序。
4. 熟悉收银员优惠券收银操作流程及掌握收银员优惠券收银操作程序。
5. 熟悉收银员支票收银操作流程及掌握收银员支票收银操作程序。
6. 熟悉收银员支付宝、微信收银操作流程及掌握收银员支付宝、微信收银操作程序。

任务一　收银员营业工作流程

收银营业工作的内容繁杂而琐碎，但收银工作属于流水作业，有一整套的工作程序，如果能将这些林林总总的原则及细节予以整理并熟悉掌握，对于提高收银工作效率和质量至关重要。还可依据各营业单位的作业习惯及特性自行安排固定的作业时间，可使收银员在进行收银工作、主管执行工作检核，以及收银业务交接和代理时有一定的规范可循。

一、营业前工作流程

（一）营业前工作流程（图 5-1）

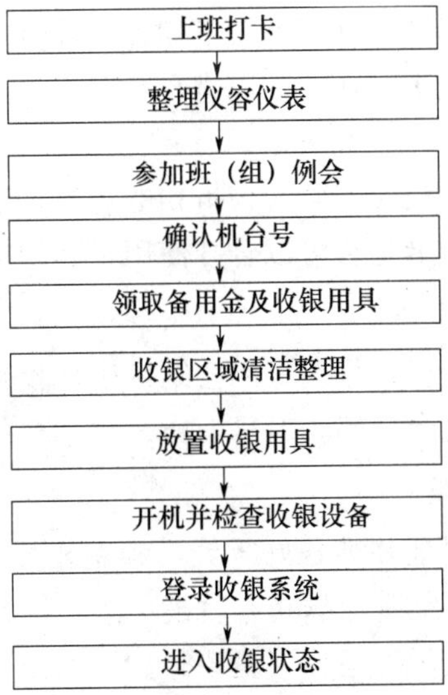

图 5-1　营业前的收银准备流程

（二）营业前工作流程细节

1. 上班打卡

收银员上下班和用餐前后均要求打卡记录考勤，未按规范要求打卡，将视为缺勤，并扣除相应工资；代其他员工打卡被视为严重违纪行为。目前，很多单位采用的是指纹打卡。

2. 整理仪容

收银台是企业的服务岗位，收银员的仪容仪表代表着企业的形象，因此收银员上岗前须更换工服，佩戴胸卡，整理好自己的仪容仪表，检查收银员营业前的仪容仪表是一个很重要的环节。检查内容包括：

（1）着装是否规范得体。

（2）发型、仪容是否清爽整洁。

（3）胸卡佩戴是否到位，是否持证上岗。

3. 参加班（组）例会

收银员上岗前须参加由收银主管组织的班（组）例会，例会的内容主要是总结前一天的工作，布置当天的工作，并强调相关注意事项（如确认当日特价品、变更售价商品、促销活动中买赠商品的信息等）。

商场、超市等零售企业经常搞各种各样的促销活动，作为一名收银员，宣传、推广本企业的促销活动是其职责之一。在宣传、推广促销活动时应注意以下几点：

（1）当客户所购商品的金额已接近这次活动所需金额时，收银员应该提醒客户再选购一些商品就可以得到这次促销活动的某种优惠或赠品，这样可以使客户得到某种意义上的满足与尊重；

（2）收银员应将当前促销活动的主要注意事项简要告诉客户，例如截止日期、所需的购物金额等。

（3）促销活动一般有“累计”计算和“不累计”计算之分。在“不累计”计算的促销活动中，收银员应注意对此进行宣传，以避免与客户之间因误会而导致的一些不偷快场面出现。

（4）另外需注意的是收银员应明确购物折扣的对象。如使用会员卡的购物折扣所包含的商品、会员卡与其他购物卡是否可以合并使用、购物折扣的有效期等。

4. 确认机台号

每个收银台都有相对应的机台号码。例会结束后，收银主管会安排收银员的收银岗位，收银员须记好要上岗的机台号码，对号上岗。

5. 领取备用金及收银用具

收银员上岗前需领取备用金并准备好零钱，领用相关的收银用具，补充必备用品。收银用具主要包括购物袋、海绵盒、抹布和收银小票。除此之外，收银员可根据工作需要，自备签字笔、计算器、夹子等用具（表 5-1）。

表 5-1 收银工具的用途

收银用具的名称	收银用具的用途
购物袋	客户购买商品较多时，提供购物袋可为客户带来便利
海绵盒	收银员手比较干燥时，蘸一下海绵缸使手湿润，方便数钱
抹布、纸	用于随时清洁收银台
收银小票	为客户提供购物凭证
签字笔	作必要的标记或记录相关事宜
计算器或算盘	用于计算营业额等相关统计数据
夹子	用于分类存放各种票据或单据
纸袋或橡皮筋	用于整理现钞
塑料绳、胶水瓶、胶带	用于为客户提供包装服务
暂停收银（服务）牌	提示客户本机收银台停止或暂停结算服务

6. 区域清洁整理

收银员上岗前须对收银台及其周边进行清洁整理，包括整理收款机台面、清洁收款机设备、整理收银柜、清洁地板与垃圾桶，还包括收银台前货架的理货工作，即整理补充商品、清洁灰尘、核实价签等。

7. 放置收银用具

收银员上岗前需将领取的收银用具放置在相应的位置，包括将购物袋挂在收银台边缘、将收银小票安装到小票打印机上、将备用的收银小票放入收银柜，还包括将领用的海绵盒、抹布、签字笔、计算器和夹子等放在方便自己使用的位置。

8. 开机并检查收银机及收银设备的运行情况

收银机开启后，收银员应认真检查收银机运行是否正常，主要应检查以下项目：

（1）收银机的运行情况。

1）收银机主机运行是否正常。

2）主显示器与客户显示器是否正常显示。

3）打印机装置是否正常。

4）工号与日期是否正确。

5）机内的程序设定和各项统计数值是否正确或归零。

6）收银机与后台服务器连接是否正常。

7）网络信息传输是否正常。

（2）收银设备的运行情况。

银联 POS 机和消磁设备、扫描设备是收银工作的重要设施，因此一定要做好营业前的各项检查以免影响收银工作。检查的主要内容包括：

1）检查银联 POS 机的连线是否正常。

2）检查银联 POS 机是否放置了银行卡签购单。

3）检查消磁系统开机后是否可以正常工作。

4）检查扫描仪是否可以正常工作。

9. 登录收银系统

收银员输入自己的工号和密码，登录收银系统。

10. 进入收银状态

收银员打开结账通道，等待客户来临。

二、营业中工作流程

（一）商场收银员营业中工作流程

商场通常实行开放式售货经营，客户购物结算是凭营业员开出的销售凭证到收银台交款。收银员应按照规定的收银作业程序接待客户，为客户提供结算服务。商场收银作业流程如图 5-2 所示。

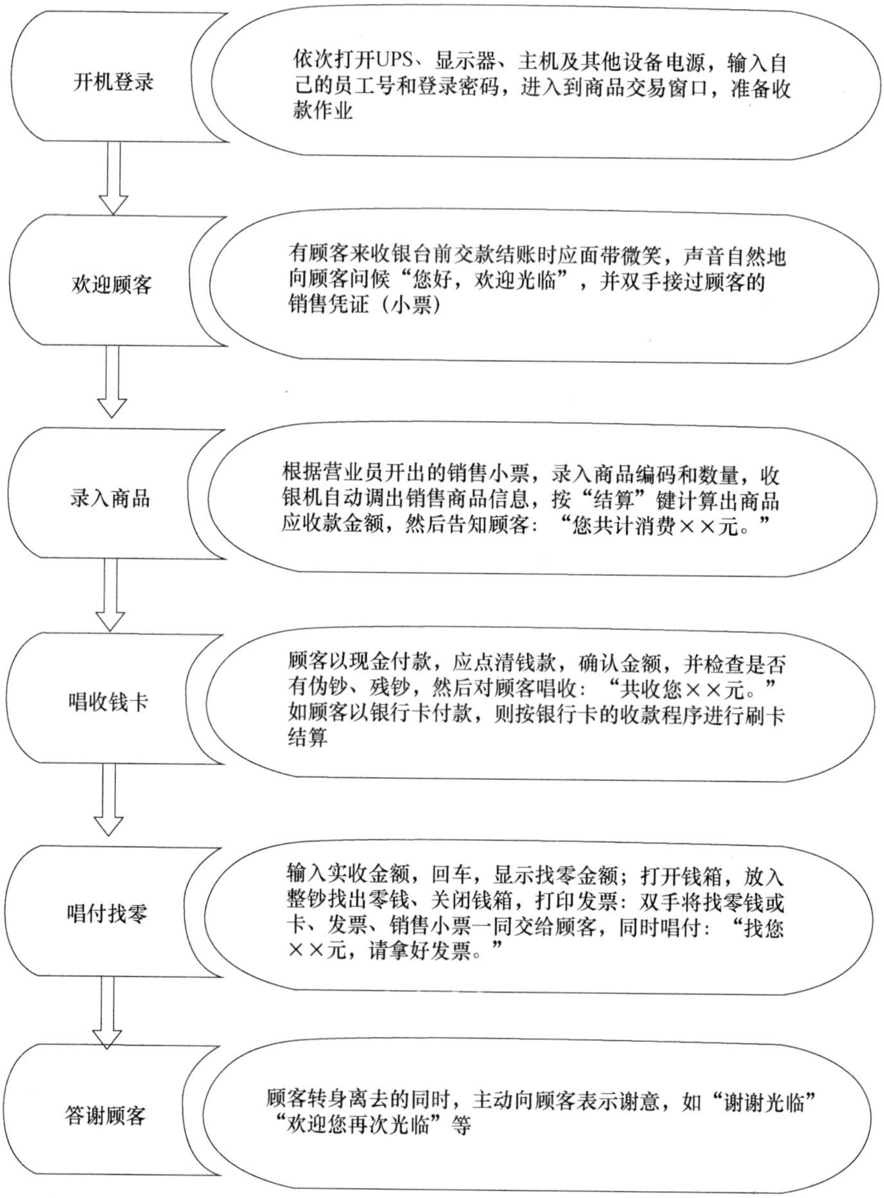

图 5-2　商场收银作业流程

（二）超市收银员营业中工作流程

超市的经营、结算模式不同于商场。超市通常是在一个相对封闭的销售区域内实行开架售货，客户结账时需带着自己选购的所有商品，到卖场出口处的收银台一次性付款结账。收银员应该按照规定的收银作业流程接待客户，为客户提供结算服务。超市收银作业流程如图 5-3 所示。

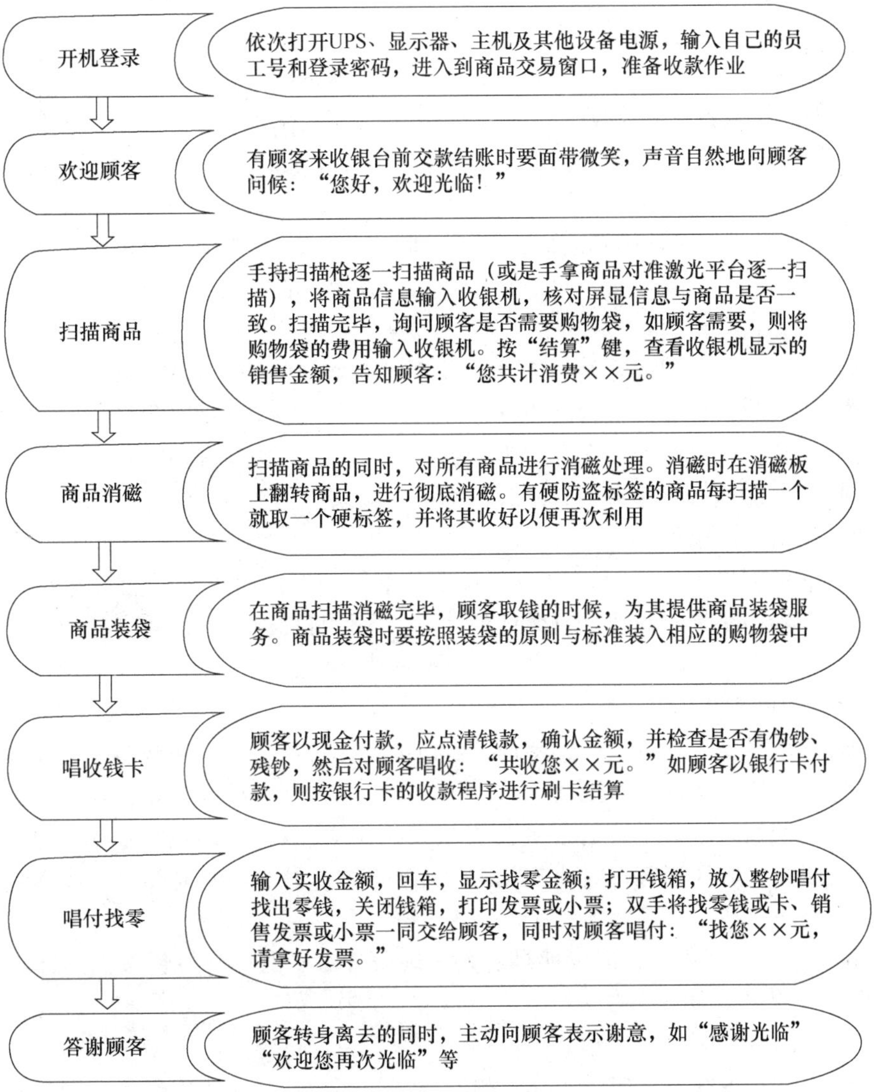

图 5-3　超市收银作业流程

在收银工作中，收银员不单纯是为客户提供结算服务，还包括：对客户的礼仪接待及提供咨询服务，先进的作业管理，促销活动的推广，商品损耗的预防以及与超市安全管理的配合等等。这些活动贯穿于超市收银员的整个工作流程中。

（三）酒店收银员营业中工作流程

1. 客户入住收银流程

（1）主动问候客户。

客户到达总台后，收银员应面带微笑向客户问好致意，以示真诚，并表示乐于为客户提供服务。问候的用语要规范、清楚。欢迎客户的标准用语是：“您好！欢迎光临！”，根据时间的不同也可以在前面加上：“早上好！”“中午好！”或“晚上好！”等。

（2）确认客户有无预订。

为客户办理住宿登记时，收银员应首先弄清楚客户是否已经预订了房间。

1）对于已订房的客户，收银员应询问客户，然后调出订房资料，找到客户的订房记录后，将预订转为入住。如果客户已经预付了定金，此时应向客户确认已收到的定金数额。

2）对于没有预订而直接到酒店的客户，收银员应问清其用房要求，确认是否有满足客户要求的房间。如果没有，可向客户介绍其他类似的房间。

（3）填写住宿登记表。

请客户填写入住登记表是客户入住环节中最花费时间的。有的客户经过长途旅行，比较疲惫，因此收银员应尽快为客户办理好入住手续。已经办理完预订手续的贵宾或常客，在检验身份证件并请客户在登记表上签字后，可以直接让客户入住。对于没有预订的客户，应尽可能地减少登记的时间。

1）填写入住登记表。

每家酒店的客户入住登记表的格式和项目不尽相同，但内容一般都包括客户的姓名、国籍、年龄、籍贯、职业、有效证件号码、入住日期以及预订离店日期、房号、付款方式等。

2）检查客户证件。

客户证件的种类主要有护照、签证、身份证、军官证及士兵证等。检查证件时，收银员要注意的内容包括证件有无文字涂改、伪造，照片是否与本人相符，发证日期及有效期，入境时间及入境口岸，是否被公安机关通缉等。在递接证件时，收银员应用双手。检查完证件，归还给客户时，应礼貌地称呼客户的姓名，并向客户表示感谢。

（4）排房与定价。

1）排房。为客户迅速、准确地排房是体现服务水平的一个重要方面。针对不同类型的客户，应使用不同的方法。

① 未预订的客户。

对于没有预订的客户，应该主动、耐心地询问客户的具体住房要求，在充分了解客户需求的基础上为客户推荐类型、价格合适的房间。

② 预订的散客。

为了减少客户的等待时间，应在客户到达酒店前，根据客户的预订要求，为客户预留适当的房间。在客户到来后，应询问客户需求是否改变，然后再为客户排房。

③ 预订的贵宾和常客。

对于已经预订了房间的贵宾及常客，在客户到来之前就应做好相应的接待准备。根据客户的预订资料，可以提前为客户填写入住登记表，并为客户安排好房间。客户到来后，只需核对证件，并在入住单上签名，即可请客户进入房间。

2）确定房价。为客户定好房间以后，可以根据酒店的信用政策规定定价。确定房价分为以下几种情况。

① 对于已经提前预订房间的客户，要注意遵照预订的价格办理入住手续，不得随意更改。

② 对于事先没有预订而直接抵店的客户，尤其是初次光临的客户，要根据当时酒店客房的出租情况及未来用房要求，热情地为客户推荐、介绍客房并报价和定价。

③ 房间确定后，收银员要向客户重复，得到客户的确认。

（5）确认付款方式。

客户入住登记时，应确认客户的付款方式、入住期间的信用额度，以加快退房结账速度，并确保酒店利益不受损害。对于不同的支付方式，应特别注意以下对应问题。

1）现金支付。

a. 现金支付风险小，利于酒店资金周转。

b. 现金支付在客户入住时应根据客户预计入住天数，要求客户预付押金。

c. 如果客户延长入住期，应及时提醒客户补交押金。

2）信用卡支付。

a. 首先要核对客户的信用卡，看是否属于酒店可接受的范围。

b. 检查信用卡真伪，然后用压卡机压印签购单，告诉客户信用额度。

c. 将信用卡双手递交给客户，最后将签购单与账单一起保留。

3）转账支付。

a. 对于转账支付的客户，酒店应该对其信用和财务状况有充分的了解。

b. 将客户的预订单及付款方式核对无误后，应向客户说明转账支付的范围。

4）支票支付。

a. 收取支票的过程中，收银员要对支票的有效性及客户的身份进行核对。

b. 有疑惑时应向财务负责人汇报或向银行查询。

5）有价订房凭证。

客户持客房预订代理商的订房凭证到酒店登记入住时，收银员应注意：

a. 核对凭证正本和副本是否有效及一致。

b. 相对应的预订单和传真订单内容是否一致。

6）他人代付。

a. 遇到替他人代为支付费用的客户，应请客户及代付人填写“承诺付款书”。

b. 仔细核查承诺付款人的信用状况及支付能力。

（6）完成入住登记手续。

1）填写房卡。

房卡的设计因酒店的不同而有所不同，一般都包括客户姓名、房号、有效期等内容，通常还印制有酒店的服务设施、位置、服务时间、会客须知等相关内容。

2）交钥匙。

收银员应将对应的客房钥匙交给客户，交钥匙时要注意礼节及文明用语。

3）安排送行李。

收银员应安排行李员引领客户到房间，或者自己亲自为客户运送行李。

4）道别。

客户离开收银前台时，收银员应向客户道别，并致祝愿语。标准用语为："祝您住得愉快！如果您有什么需要，请随时打电话。"

（7）建立相关档案及账单。

客户离开前台后，收银员要为客户建立个人档案。

1）把客户信息通知客房部，以便客房部服务员做好接待准备。

2）将住宿登记表中的内容输入计算机，并将填好的表格、资料分类存档，以便建立完整的客户档案。

3）对于未使用计算机联网的酒店，要制作客房状况卡条，插入客房状况显示架，并填写多联客房状况卡条，送交相关部门和岗位。

4）制作客户账单，在印制好的账单上打印客户姓名、抵店日期、预订离店日期、房号、房间类型及价格等，然后将账单、住宿登记表及信用卡签购单一并保存。

2. 客户离店收银流程

（1）客户退房。

客户离开酒店，要求结账时，收银员应面带微笑，问清客户姓名、房间号，并收回房间钥匙。

（2）合计账款。

对于建立了信息传递系统实现计算机管理的酒店，各营业中心的消费凭单或费用额能够迅速传递到总台收银处，形成"客账汇总表"，见表5-2。

表5-2　客账汇总表　　单位：元

客户姓名	客户欠款数额	酒店欠客户账款	时间	审查人签字

1）收银员在统计客户的账款前，应电话通知客房部，检查房间里是否有客户忘记的物品及房间设施是否有损坏、物品是否丢失。

2）收银员可直接询问客户在退房之前的一段时间是否有费用项目。

3）为谨慎起见，收银员也可以先与各营业中心联系，确认客户是否有费用项目。

4）确认无漏账后，收银员向客户报告消费总额，并开出总账账单。

（3）收取账款。

客户结账时，收银员应注意以下问题：

1）信用卡结账时，持卡人如没有入住本酒店或先离店，代替该客户付款的持卡人必须在签购单上先签名，填写付款确认书、收银员应认真核对卡号和签名，按预住天数预计金额授权，取得授权后，在签购单边缘注明"已核"字样，签上经办人员姓名，写上授权金额和授权号码。

2）信用卡消费时，超过限额的一定要致电银行信用卡授权中心，或者通过POS机取得授权。如果实际消费超过授权金额应再补授权，一笔消费只能用一个授权码，多个授权码应分单套购，方可接受使用。

3）如果客户交的押金有自剩余，应退还给客户；如果客户交的押金不足，请客户补齐。

4）如果存在房间设施被损坏的情况，按照损坏程度和规定的相应价钱请客户赔偿。

（4）送走客户。

收银员应对客户表示谢意，并欢迎客户再次光临。客户离开柜台时，收银员应祝客户一路顺风，路途愉快。

（5）整理资料。

客户结账离开后，收银员应将客户的登记表、结账单等各种凭证存档，并通知有关部门调整客户资料。

（四）餐厅收银员营业中工作流程

1. 核收菜单

（1）客户点菜。

客户点菜后，餐厅服务员应将客户的点菜单交到收银台。

（2）核对菜单。

1）收银员核对菜单，具体内容包括台号、客户数、菜品数量和单价等。

2）收银员如果检查出记录不全，应该退回给服务员，并提醒服务员把菜单的内容填写完整。

3）餐厅收银员应熟记餐厅各种菜品、酒水、饮料的价格，这样才能迅速、准确地核对服务员开具的菜单。

2. 开具账单

（1）菜单确认。

核对菜单无误后，收银员应在菜单的厨房联上盖章，然后让服务员将厨房联交给厨房，让厨房准备菜品。

（2）开具菜单。

1）根据菜单的收银联，收银员预先开具客户账单，并与菜单的收银联一同保存，等待客户结账。

2）账单的内容应该包括客户数、台号，以及各项菜品的单价、数量、总价等。

3. 更改账单

在餐厅消费的客户，经常会改动所点菜品，主要包括加菜、换菜及退菜等。收银员应掌握账单更改的流程和注意事项，具体如下所述：

（1）客户加菜。

1）服务员通知收银员客户要加菜时，收银员应拿出客户的点菜单及账单，并在点菜单及账单上加注客户所加菜品的名称、数量及单价。

2）收银员应同时开具一份加菜单，让服务员交给厨房。加菜单上的内容也应该包括客户台号，所加菜品名称和数量等。

（2）客户换菜。

1）一般情况下，在客户点菜后，收银员已经将客户菜单的厨房联交到厨房，是不允许客户换菜的。

2）客户所点菜品由于缺少材料无法完成，所点菜品厨房还没有开始制作，以及在餐厅经理允许的情况下，可以为客户提供换菜服务。

3）收银员应将客户菜单及账单上的所换菜品名称划去，并注明替代菜品的名称及价格，然后开具一份换菜单，让服务员交给厨房。

（3）客户退菜。

1）遇到客户所点菜品无法制作等问题，在餐厅经理同意的情况下，可以为客户办理退菜服务。

2）处理客户退菜时，收银员要开具一式两份的退菜单，一份贴在账单的背面，另一份让服务员交给厨房。

4. 客户结账

客户结账的方式一般有两种，客户直接到柜台结账以及服务员代客户结账。

（1）客户直接到柜台结账。

对于一些规模比较小的餐厅，在客流高峰期，服务员可能会忙不过来，此时可以让客户直接到柜台结账。此时的流程及注意事项包括以下几点：

1）收银员首先要对客户表示欢迎。

2）出示客户的点菜单及账单，然后向客户报出总价："您一共消费××元。"

3）客户结账，收银员应双手接过客户的现金，并清晰地唱收："收您××元。"

4）为客户找零，然后将账单以及零钱双手递交给客户，并清晰地唱付："找您××元。"

5）客户要求开具发票的，为客户开发票，并在账单上加盖"发票已开"的章。

6）如果客户来结账时收银员正在做其他事情，应先停下手中的事情，为客户结账，如确实不能停下时，应对客户说："对不起，请您稍等一下。"

7）客户对账单有疑义的，应该给客户足够的时间，使客户能够仔细地核查账单。如果出现问题，应请客户稍等，然后叫相关服务员协调解决。

（2）服务员代客户结账。

为了提高服务品质，现在一般的餐厅都是由服务员到餐桌帮助客户结账。此时的流程及注意事项包括以下4点：

1）收银员将客户账单与点菜单交给服务员，服务员到客户餐桌旁进行结账。这是您的账单请核对。

2）收银员收取客户餐费。

3）收银员将找零及客户账单交给服务员，并让服务员在点菜单上签字。

4）如客户要求开具发票，收银员应该把发票一并交给服务员。

（3）处理其他类结账。

1）如果客户在结账时出示优惠卡要求打折，或者要餐厅经理打折，收银员要检查优惠卡或要求餐厅经理在账单上签字，方可办理打折。

2）如果餐厅经理招待客户或者餐厅其他人员经领导批准后招待客户时，应该使用内部账单，账单请领导签字后再转入财务部审核。

3）如果合作单位在结账时要求挂账，需要该单位管理人员在账单上签字后才可以办理挂账手续，然后请会计将账单转入应收账款。

三、营业后工作流程

（一）营业后收银工作流程图（图 5-4）

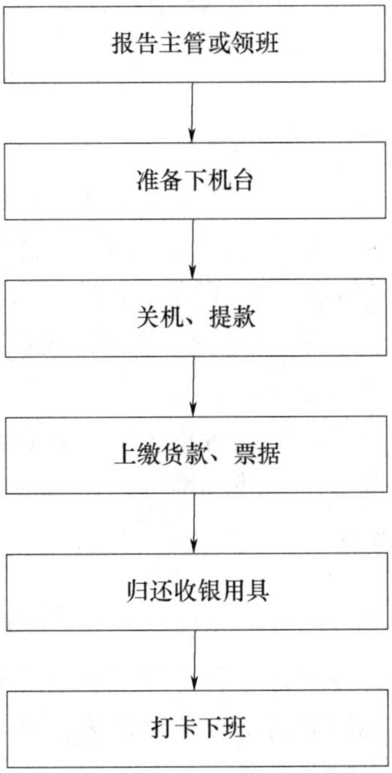

图 5-4　营业后的收银工作流程图

（二）营业后工作流程细节

1. 报告主管或领班

收银员交接班离岗前，一定要先报告主管或领班，得到允许后，方可准备离开机台。

2. 准备下机台

（1）放置“暂停服务”牌。收银员在机台上放置“暂停服务”牌，在接待完本机台最后一位客户后关闭结账通道。

（2）整理和清洁环境。

3. 关机、提款

按顺序依次关闭 POS 机→验钞机→打印机→总电源，盖上台布。整理银箱内钱款及票据并装入现金钱袋。检查机台上和银箱内有无遗漏票款。

4. 上缴货款、票据

离开机台，到指定的总收款室或财务部清点和上缴当班所收全部货款、票据及备用金，填写缴款单。

5. 归还收银用具

归还营业前借出的收银用具。

6. 打卡下班

（1）确定第二日班次，更换工服，打卡下班。

（2）收银员下班要从员工通道离开，严禁由客户出口离开。

任务二　多种收银方式的操作

一、现金收银操作

目前，很多商场、超市、餐厅及饭店主要都是现金结账。在商场、超市等零售企业的商品销售业务中，客户购物结算最普遍、最主要的支付方式是以现金直接付款结账。因此，现金收银是前台收银工作中最主要的收银业务。

现金收银具有即时收银，不存在债务拖欠关系，能够立即反映经济损益情况的优点。但现金收银也有易失误、易挪借、易偷抢、易丢失的缺点。因此，收银员应熟练掌握现金收银的流程，按照企业规章制度进行现金收银，最高限度地减少自身和企业的损失。现金收银操作要求收款金额清楚，找零准确无误；对收到的现金一定要仔细鉴别真伪，并且要妥善保管好每一笔资金。

（一）商场现金收银操作

商场一般是规模较大的零售场所，实行开放式售货经营，在售货区域由营业员负责接待客户。当客户决定购买某种商品时，营业员给客户开出一式两联或三联的销售凭证（小票）。如客户持有会员卡，应向营业员出示会员卡，由营业员将客户的会员卡号码填写在销售凭证上面，如商品有折扣价，同时将折扣价填写在销售凭证上，然后客户持销售凭证到收银台去交款。收银员应按照商场收银台现金收银作业流程接待客户，为客户提供结算服务。

1. 欢迎客户

收银员看有客户来收银台前交款结算时，应热情地欢迎客户，面带笑容，用目光跟随客户，直到客户走到收银台面前为止；站立收银的收银员，要保持端正的站姿，然后上身向前弯曲 30°，向客户鞠躬；坐着收银的收银员，应对客户微笑着点头，表示对客户的敬意；主动问候客户“您好，欢迎光临”，双手接过客户的销售凭证（小票），并检查小票填写是否规范。

2. 录入商品

如客户使用会员卡，应先按［会员卡］键，刷会员卡，回车；然后根据客户交来的销售小票（图 5-5），将商品编码快速准确地录入 POS 机，按回车，收银机自动调出商品的名称、规格、售价等销售信息。

如客户购买的同类商品数量是一件，系统自动默认；如不是一件，则按下［数量］键，键入相应的数字，然后按回车即可，也可以在录入商品编码时，直接录入数量和编码。

如使用会员卡可打折，刷卡后会员卡折扣会自动显示；如使用会员卡只积分不打折，则根据销售小票直接录入商品金额。录入完毕，按［结算］键（或付款键），收银机自动计算出应收款金额，然后告知客户“您共计消费××元”。

销 售 单　　N0:000001

年　月　日

货号	品名	数量	单价	折扣	金额					
					千	百	十	元	角	分
备注:		营业员:			合计金额:					

第一联存根　第二联:客户

图 5-5　商场销售小票

3. 唱收现金

客户以现金付款，收银员应双手接过客户递交的现金，当着客户的面迅速准确地清点现金，并检查是否有伪钞或残损钞票；确认金额无误后，声音清晰地对客户唱收“共收您××元”。

4. 打印发票

在“实收款”栏输入客户实际交付的金额，按［确认］键，收银机找零栏自动显示找零金额，同时钱箱打开，打印机打印发票。

5. 唱付找零

将客户交付的现金放入钱箱内，找出零钱，关闭钱箱；在销售小票上加盖“货款收讫”章和个人人名章。双手将找零现金、发票、销售小票的柜组留存联一同交客户，同时声音清晰地对客户唱付“找您××元，请拿好发票。”

6. 答谢客户

客户转身离去的同时，收银员应主动向客户表示谢意，如“感谢光临”“欢迎您再次光临”等。在此过程中应注意以下事项：

（1）将装好的商品交给客户，并保证客户接好。

（2）站立收银的收银员应向客户鞠躬；坐着收银的收银员应微笑着对客户点头，并表示谢意。

（3）客户转身离开时，收银员应对客户说：“谢谢惠顾，欢迎下次光临，再见!”

（4）目送客户离开，如果客户回头，收银员应微笑着对客户说：“还有什么能为您服务的吗?”

（二）超市现金收银操作

“自选”是超市的主要经营特色。在一个相对封闭的销售区域内，客户可以随意挑选、比较、选购自己喜欢的商品，然后带着自己选购的所有商品到出口处的收银台一次性付款结账。收银员应按照超市收银台现金收银作业流程接待客户，为客户提供结算服务。

1. 欢迎客户

当有客户来收银台前结账时，收银员应热情地欢迎客户，面带笑容，主动向客户问候：“您好，欢迎光临!”

2. 扫描商品

（1）收银员应首先帮助客户将商品摆放在收银台的前端，询问客户是否持有会员卡，如客户持有会员卡，应先刷会员卡，然后扫描商品。

（2）扫描时，手持扫描枪逐一扫描商品条码（或是手拿商品对准激光平台逐一扫描），将商品信息录入收银机。

（3）商品扫描完的要放在收银台的后端，与未扫描的商品分开，以免混淆。

（4）对于扫描例外的商品应使用小键盘手工录入商品条码和数量信息，录入时要认真、仔细，做到准确无误。

（5）对于重复扫描的商品，可按［取消］键，取消重复扫描的商品信息。

（6）当客户购买多个同样的商品时，为节省时间，提高工作效率，可以扫描其中一个并按下［修改数量］键，输入客户购买的商品数量。

（7）扫描完毕，注意查看显示器显示信息与客户选购的商品是否相符，并注意核对在开单区已经交款的商品。

（8）主动询问客户是否需要购物袋，如客户需要，则视商品多少确定使用购物袋的数量，并扫描购物袋上的条码，计入购物袋的费用。

（9）扫描完毕后，按［结算］键，查看收银机显示的应收款金额，然后告知客户"您共计消费××元"，并与客户确认付款方式。客户选择现金付款后，点击［F1］键，进入现金收银界面。

（10）客户未付账，收银员应礼貌地重复一次，不可表现出不耐烦的态度。客户拿钱时，收银员应将空的购物篮从收银台上拿开，叠放在一旁。

3. 防损检查

（1）防损检查的操作要点如下：

1）检查每辆购物手推车的底端，确保没有更小的物品遗漏在下面；

2）检查大包装商品，以防藏匿其他小物品；

3）检查客户手中的报刊，防止藏匿扁平物品，如贺年卡和生日卡等；

4）防止以次换好，对将一个条码粘附在原有的正确条码上的可能性保持警觉；

5）当进行收款扫描时，如有客户不住地谈话，要保持警惕；

6）无客户结账时，要不停地扫视出入口、通道，如有异常，应按铃通知主管处理；

7）等下一位客户结账时，应保持与前一位客户的联系；

8）注意粮食、纸巾卷等的质量，并检查包装上有无破裂和小孔，防止被利用藏匿小件；

9）发现小孩在吃超市里的东西，应采取和善的态度提醒其父母；

10）当对一位客户产生怀疑时，要保持冷静，并通知收银主管或超市其他负责人，不要盲目采取行动；

11）已经结完账的商品，如果发现有问题，在征得客户同意后方可进行检查，若客户执意不肯，也不要强求，及时通知收银主管解决。

（2）防损检查自律要求。

1）收银员不可为自己的亲友结算收款，避免不必要的误会，以及可能产生的收银员利用收银职务之便，以低于原价的价格为亲友结账，牺牲企业利益谋求他人私利，或可能产生内外勾结的“偷盗”等现象。

2）收银员不得在收银台上放置任何私人物品。因为，收银台上随时都有客户退货的商品和临时决定不购买的商品，如有私人物品也放在收银台上，容易与这些商品混淆，引起他人误会。

3）收银员要正确扫描商品，避免因错扫、漏扫而形成损耗。

4）收银员应相互提醒做好防损工作，提醒时注意采用正确的提醒方式，不要让客户觉得把其当成小偷，以免引起客户的不快。例如，可以用特定的语言、动作作为暗号来提醒同事。

【案例】：屈臣氏的“BOB 先生”和“LISA 小姐”

“BOB”是指客户拿在手中或放在购物车及购物篮里的、未被收银员注意到的商品，如小孩手中拿的糖果、小玩具等。收银员在客户结算时，要主动把商品从购物车或购物篮中拿到收银台上。既显示对客户的热情，又看清有无漏掉的商品。

“LISA”是指所有非原始包装且包装内可放其他物品的商品，必须开箱检查，如棉被、箱包、电饭煲等。

如果收银员在忙碌之中忘记做防损工作，同事要提醒收银员：有没有见到 BOB 在哪里？你见到 LISA 了吗？使收银员在客户没有察觉的情况下做好防损工作。

4. 商品消磁

收银员扫描商品的同时，要对商品进行消磁作业。所有商品必须经过收银台上的消磁板消磁，消磁时要在消磁板上翻转商品，进行彻底消磁。对采用硬防盗标签的商品，要在不损坏商品的前提下消磁，每扫描一个就用开锁器取一个防盗磁扣，并将其收好放在指定位置，以便再次利用。

5. 商品装袋

商品扫描消磁完毕，在客户取钱的过程中，不论是客户使用有偿的购物袋还是自备的购物袋，收银员应主动为客户提供商品装袋服务。商品装袋时要按照装袋的原则与标准装入相应的袋中。

有些超市，由于人员不够或在结账高峰时，客户可能需要自己装袋，这时收银员应该遵循如下要求：

（1）收银员应迅速浏览客户所购商品，估计所用购物袋并将其预先放在装袋区内。

（2）将结账完毕的商品交给客户，应对客户说：“对不起，请您自己装一下好吗?”

（3）收银员结账时，应随时留意客户装袋情况，并不要漏扫描商品。

（4）对于应分开装袋的商品，收银员应提醒客户分开装袋。

（5）对于无法装袋的商品，应帮助客户用绳索捆扎，或请客户到专门的打包处处理。

（6）为客户结完账，商品仍未装袋的，收银员应迅速帮助客户装袋。

6. 唱收现金

收银员双手接过客户递交的现金，当着客户的面迅速准确地清点现金，并检查是否有伪钞或残损钞票；确认金额后，声音清晰地对客户唱“共收您××元”。

收银员若怀疑现金是伪钞或收到残钞时，应当按照以下标准进行处理。

（1）伪钞处理标准。

1）对钞票发生疑义，可以先凭经验和感觉，从纸张、水印、凹凸技术和荧光等方面对不确定的现金进行识别；如不能确定，用验钞机进行检验。

2）收银员如不能做出最后判断，可随时打电话请求收银主管的帮助。

3）如确定是伪钞，可请客户换一张钞票进行结账。客户对钞票真伪产生异议，可要求双方一同到银行鉴别。

（2）残钞处理标准。

1）钞票破坏程度较轻，符合银行的全额兑换条件，可以考虑接受，但要请收银主管来确定。

2）钞票残缺已到不符合银行的兑换程度，应请求客户予以更换；当客户不配合，要向客户耐心解释，若还不行，可请收银主管进行解决。

7. 打印小票

在“实收款”栏输入客户实际交付的现金数额，按［确认］键，收银机找零栏自动显示找零金额，同时钱箱打开，打印机自动打印收银小票（图 5-6）。

××超市

票型：销售					票号：xs0002201800808117
商品编码	商品名称	单价	数量	优惠	金额
02010406	绿箭口香糖三条装	3.50	2	0.00	7.00
02100003	全麦餐包	10.00	1	0.00	10
02021877	老干妈油辣椒	9.90	2	0.00	19.8
总计					36.8
现金					50.00
找零					13.2
款台号：0007					收银员：010703
日期：2018.08.08					时间：10：30：35

图 5-6　收银小票（销售清单）票样

8. 唱付找零

打开收银机钱箱，将所收的整钞放在钱格中，找出正确的零钱；关闭钱箱，双手将找零现金、收银小票一同交给客户，同时声音清晰地对客户唱付“找您××元，请拿好小票。”

（1）找零的技巧。日常收银作业中，应将不同面值的零钱放在钱箱内不同的格子中，以方便找零。找零时应按最大面值的现金组合为客户找零，以节约零钱。

（2）找零应注意的问题：

1）当值的收银机必须随时保持足够的零钱用于找零。零钱不足时，收银员应立即向收银领班申请兑换零钱，不能私自向其他收银员兑换、暂借零钱，或用私人的零钱垫付。

2）该找给客户的零钱收银员必须如数找零，而不能用小糖果、口香糖或其他小礼品等代替零钱。

3）如遇零钱不足无法找零时，收银员可以礼貌地询问客户有无零钱。如客户没有，则礼貌地告知客户稍等，然后迅速地兑换零钱后找给客户。

4）如遇硬币不足或不凑巧时，收银员宁愿多找客户零钱，也不能少找客户零钱。例如，应找给客户 0.4 元，但 1 角的硬币只有 3 枚，此时应找给客户 0.5 元，而不是 0.3 元。

5）对于客户不要的少量硬币，收银员应将其放在收银机钱箱的外面。当以后找零如果硬币不够数时，可以以此充数。

6）如客户对所找的零钱有特殊要求，收银员应尽量满足客户的要求，不能够满足时也要耐心解释，不能一口拒绝客户。

7）如客户对所找的零钱不满意，如票面破旧或票面较脏等，收银员必须满足客户的要求给予更换，即使钱箱已经关闭，也不能拒绝客户或极力说服客户接受。

9. 答谢客户

客户转身离去的同时，收银员应主动向客户表示谢意，如“感谢光临”“欢迎您再次光临”等。

（三）现金收银错误处理

收银员在为客户结账时，难免会有收银错误的情形发生。发现收银错误时，应立即更正，否则不仅使客户对收银员的人品及专业能力产生不信任感，而且会影响当天营业额的结算平衡，以及日后的审核工作。

1. 常见的收银差错及其处理方法

（1）多打或少打价钱而导致收银差错。

收银员在为客户结账时多打或少打价钱，导致结账时价款不正确。这种情况多发生在不是利用 POS 系统结账的情况下，即使是使用 POS 系统结账时，也可能因为条码等问题，导致商品价格不正确。多打或少打价钱的处理方法如下所述：

1）结账发生错误时，不论客户对错、收银员都必须先向客户道歉。

2）如果少打商品价格，应委婉地向客户解释原因，并请客户谅解，然后将账单作废，重打账单。

3）如果多打价钱，可询问客户是否还要购买其他商品，如客户不需要添购其他商品则应将账单作废，重打账单。

4）账单作废时，应礼貌地请客户在作废账单上签名，而后将作废的账单登记在作废账单记录本上，并及时通知收银主管签名作证。

5）如果遇到购物量较大，且价格有误时，应立即查清是工作失误还是客户有偷换标签的偷盗行为，并及时通知收银主管处理。

6）如一笔收款结账有多张账单，只要其中一张有错误，应将其余的账单一并回收办理作废手续。

（2）客户带的现金不足或临时退货而导致错误收银：

1）如客户携带现金不足，可建议客户办理一两项商品退货。

2）客户同意退回其中一两项商品时，必须将已打印的账单作废，并重新打印减去退货商品的账单给客户。

3）若客户愿意回去找钱时，必须保留与差额等值的商品，而与客户所支付的钱款等值的商品可以让客户先行带走。

4）若客户因现金不足或临时决定不买，要求退货时，绝不可恶言相向，仍须保持热情的工作态度，并按照客户要求为客户处理。

5）礼貌地请客户在作废账单上签名。

6）等客户离去之后，将作废的账单登记在作废账单记录本上，并及时通知收银主管签名作证。

2. 预防收银错误的方法

（1）增强收银员的责任感。

收银员下班之前，必须先核对收银机内的现金、非现金和当日事先收入现金办公室的大钞的合计数，与收银机结出的累计总账条上的总额核对。如果与正常金额有出入，根据情况不同，处理的办法有两种，见表5-3。

表5-3 收银差额处理办法

情况分析	情况解释	处理办法
超过一定范围	若二者金额不符，且差额（无论短缺或盈余）超过一定额度时（此数额可依各超市的营业额决定）	由收银员撰写报告书，说明盈亏的原因
在范围内	若二者金额不符，且差额（无论短缺或盈余）在一定额度时（此数额可依各超市的营业额决定）	主管可依据收银员个人的经验和收银机当日收入金额，分析短缺是由人为还是自然因素所造成的。 根据原因决定亏损是否应由收银员赔偿

因此，为了保证收银员在工作中的正确性及专业性，有的卖场规定收银员在金钱收支方面，无论盈余还是短缺，都应由收银员自行负责，以强化收银员的责任感，并可减少作弊行为。

（2）积极配合收银的审核工作。

收银作业中的每一个步骤以及每一个环节，都是为了让卖场在现金管理上能有良好的制度与规范。但是，好的制度如果未能予以有效地落实，仍然会有许多舞弊行为，这些都会影响卖场的收入，让其他工作人员所做的各项努力化为乌有。

为了及时发现收银作业中的人为弊端，并且矫正收银员的不良习惯，各卖场应设立专门人员负责执行收银审核工作。对于审核工作，收银员应积极、认真地配合，这样可以避免或防止错误收银，同时还可以提高收银员的操作技能，增强其工作道德感和责任感。

二、银行卡收银操作

银行卡是现代社会最主要的信用支付工具，具有购物消费、转账结算、存取现金、代缴费用等多种功能。它携带方便，使用安全，省去了人们购物时携带现金的诸多麻烦，实现客户“轻松刷卡、安全支付”的愿望，是国际社会普遍使用的电子货币。同时，使用银行卡结算，能够减轻收银员点钞、找零、存取现金的工作量，有效降低假钞及现金管理的风险。

（一）银行卡知识

1. 银行卡的含义

从广义上说，凡是银行发行的、具有支付功能的卡片，都可以称为银行卡。根据中国人民银行颁布的《银行卡业务管理办法》的规定："银行卡是指由商业银行（含邮政金融机构，下同）向社会发行的具有消费信用、转账结算、存取现金等全部或部分功能的信用支付工具。"

2. 银行卡的分类

（1）按银行卡是否能够提供信用透支功能，可以分为借记卡和信用卡。

1）借记卡：又称储蓄卡，是指先存款后消费（或取现）、没有透支功能的银行卡。借记卡按功能不同，又可分为转账卡、专用卡等。

2）信用卡：是银行或其他财务机构签发给那些资信状况良好的用户，用于在指定商户购物和消费，或在指定银行机构存取现金的特制卡片，是一种特殊的信用凭证，也是持卡人信誉的标志。信用卡具有透支功能。

（2）按发卡对象的不同，可分为单位卡（商务卡）和个人卡。

（3）按银行卡的使用范围，可分为国际卡、国内卡和地区卡。

（4）按持卡人的从属关系，可分为主卡和附属卡。

（5）按银行卡的清算币种不同，可分为人民币卡、外币卡和双币种卡。

（6）按卡片信息的存储方式不同，可分为磁条卡、IC 卡和复合金融卡。

（7）按发卡银行的发卡品牌，可以分为工商银行"牡丹卡"、农业很行"金穗卡"、中国银行"长城卡"、建设银行"龙卡"、华夏银行"华夏卡"、中信银行"中信卡"、交通银行"太平洋卡"、光大银行"阳光卡"等。

3. 中国银联标识卡

"银联"标识卡是经中国人民银行批准，由国内各发卡金融机构发行，采用统一业务规范和技术标准，可以跨行、跨地区使用的带有"银联"标识的银行卡，如图 5-7 所示。

图 5-7　银联卡

银联卡的使用范围：

（1）银联标识卡可以在国内贴有“银联”标识的ATM机上提取现金和查询。

（2）银联标识卡可以在国内各类商场、超市、酒店、机场等场所的贴有“银联”标识的银联POS机上进行刷卡消费。

（3）持卡人还可以通过中国银联的电子支付网站，进行以银行卡为支付载体的交易和转账。

（二）超市银行卡收银操作流程

银行卡支付作为一种现代支付方式，因其携带方便、使用安全，省去了人们购物时携带现金的诸多麻烦，客户能够实现“轻松刷卡，安全支付”，在日常生活中已被更多的人接受。同时，使用银行卡结算，能够减轻收银员点钞、找零、存取现金的工作量，有效降低假钞及现金管理的风险。收银员应按照超市收银台银行卡收银作业流程接待客户，为客户提供结算服务。

1. 欢迎客户

当有客户来收银台前结账时，收银员应热情地欢迎客户，面带笑容，主动向客户问候：“您好，欢迎光临！”

2. 扫描商品

（1）收银员应首先帮助客户将商品摆放在收银台的前端，询问客户是否持有会员卡，如客户持有会员卡，应先刷会员卡，然后再扫描商品。

（2）扫描时，手持扫描枪逐一扫描商品条码（或是手拿商品对准激光平台逐一扫描），将商品信息录入收银机。

（3）商品扫描完的要放在收银台的后端，与未扫描的商品分开以免混淆。

（4）对于扫描例外的商品应使用小键盘手工录入商品条码和数量信息，录入时要认真、仔细，做到准确无误。

（5）对于重复扫描的商品，可按［取消］键，取消重复扫描的商品信息。

（6）当客户购买多个同样的商品时，为节省时间，提高工作效率，可以扫描其中一个并按下［修改数量］键，输入客户购买的商品数量。

（7）扫描完毕，注意查看显示器显示信息与客户选购的商品是否相符，并注意核对在开单区已经交款的商品。

（8）询问客户还有没有其他商品，同时留意客户手中和购物车（筐）内还有没有遗漏扫描的商品。

（9）主动询问客户是否需要购物袋，如客户需要，则视商品多少确定使用购物袋的大小及数量，并扫描购物袋上的条码，计入购物袋的费用。

（10）扫描完毕后，按［结算］键，查看收银机显示的应收款金额，然后告知客户“您共计消费××元”，并与客户确认付款方式，客户选择银行卡付款后，点击［F2］键，进入银行卡收银界面。

3. 商品消磁

收银员扫描商品的同时，要对商品进行消磁作业。所有商品必须经过收银台上的消磁板消磁，消磁时要在消磁板上翻转商品，进行彻底消磁。对采用硬防盗标签的商品，要在不损坏商品的前提下消磁，每扫描一个就用开锁器取一个防盗磁扣，并将其收好放在指定位置，以便再次利用。

4. 商品装袋

商品扫描消磁完毕，在客户取卡的过程中，不论是客户使用有偿购物袋还是自备的购物袋，收银员应主动为客户提供商品装袋服务。商品装袋时要按照装袋的原则与标准装入相应的袋中。

5. 接卡验卡

收银员双手接过客户递交的银行卡，当着客户的面迅速验证客户银行卡的真伪、有效期及背后签名是否清晰。

（1）银行卡真伪的识别方法：

1）看塑料底片外观。真卡表面光滑，颜色不易脱落，底片有防伪标志；伪卡表面粗糙，颜色易脱落，底片一般无防伪设计。

2）看印刷。主要观察卡上凸印卡号的前四位数字是否与上方或下方平面印刷的微型四位数字一致，是否有更改痕迹，卡面图案是否清晰等（图 5-8）。

3）看签名栏。卡背签名如果是中文，应与卡面凸印的持卡人汉语拼音名相符；卡背签名如果是英文，应与卡面凸印的持卡人英文名相符。如明显不符，应立即拒绝受理。

4）另外，真卡有发卡公司的商标；伪卡无发卡公司的商标，即全白色或有涂改痕迹，且签名不流畅（图 5-8）。

5）看卡面有效期。失效卡应立即拒绝受理（图 5-8）。

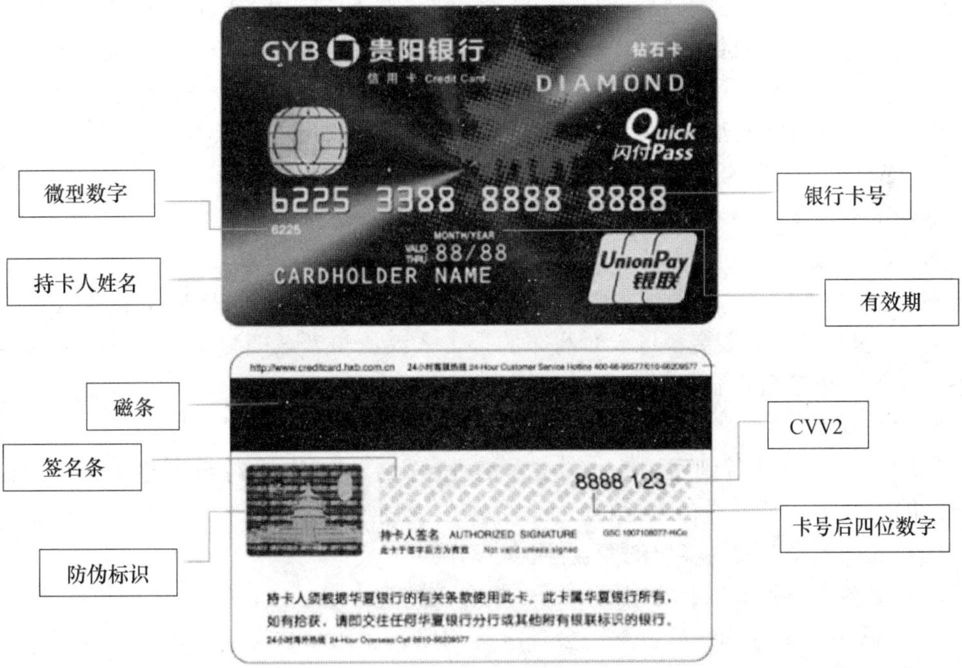

图 5-8　信用卡防伪特征

6）致电收单行或中国银联授权中心，并将卡片号码的前六位数字报给授权人员，请其尽快查询该卡号所属的发卡行是否与卡面显示的发卡行一致，如不一致，可判定为假卡或伪卡。

7）伪卡的处理：

① 发现信用卡为伪卡时，收银员应先向客户表示歉意："对不起，您的信用卡不能结账。请您改用其他付款方式。"

② 对于伪卡，收银员应该记录卡号和发卡行，并及时上报收银主管，以便与发卡行和公安机关联系。

（2）验证卡的有效期。

我国的银行卡都是有使用期限的，不论是借记卡、贷记卡，还是信用卡。一般的借记卡使用期限比较长，贷记卡和信用卡使用期限较短，一般只为几年，过期以后就需要去银行换新卡。信用卡正面底部有月份和年份，凸出的并且有"/"这个符号分开的就是有效期。银行信用卡有效期一般为3年，个别银行为5年。有效期到期后，银行将根据以往客户使用信用卡的情况，决定是否让客户继续使用信用卡。

（3）验证持卡人签名的真实性。

银行卡的使用权不能转让于他人（不论是持卡人的配偶、亲戚或朋友），签购单必须由持卡本人当面对签名予以确认。

核对签购单上打印的金额是否正确，签购单上打印的卡号、持卡人的签名是否同所提供支付交易的银行卡卡号及背面签名相符。

当需要持卡人出示有效身份证件时，接过持卡人的有效身份证件后，除查看相貌是否相符，还应认真核对其有效身份证件的中文姓名是否与信用卡正面凸印的汉语拼音相符。在交易过程中，收银员刷卡完毕后不得将银行卡及有效身份证件立即交还给持卡人，应一直保管持有，待核对签名完毕后才能将银行卡及有效身份证件交还给客户。

因收银员操作疏忽而导致以下情况发生，相关损失将由商户承担：

1）受理卡面凸印卡号的前四位数字与上方或下方平面印刷的微型四位数字明显不一致的伪卡或假卡。

2）受理已过有效期的卡片。

3）受理已被打孔、剪角或损毁的废卡，或有明显标记的"样卡""测试卡"。

4）受理卡背面中文签名与卡面凸印的持卡人汉语拼音名明显不符的卡，并且卡背面签名与签购单签名明显不符。

6. POS 刷卡

（1）银联 POS 机签到后，按［消费］键进行刷卡。把卡放到 POS 机卡槽中，让带有磁条的一面对准刷卡器有红光的一面，将卡匀速划过刷卡槽。

（2）确认卡号，输入客户消费金额，并确认。

（3）请客户输入银行卡的密码，POS 机自动处理。

1）在输入金额并确认后，系统会要求客户输入密码（如果是信用卡，可能不会要求客户输入密码）。

2）将刷卡器的小键盘交给客户，提醒客户，及时输入密码，并保证客户输入密码时的安全性和隐蔽性。

3）客户只有输入正确的密码才能继续交易，如果输入的密码不正确，应请客户重新输入。

4）如果输入错误次数达到 3 次，交易将强行中止。此时收银员应提醒客户更换银行卡或选择其他方式结账。

（4）交易成功后，打印出银联 POS 凭条（签购单）（图 5-9）。

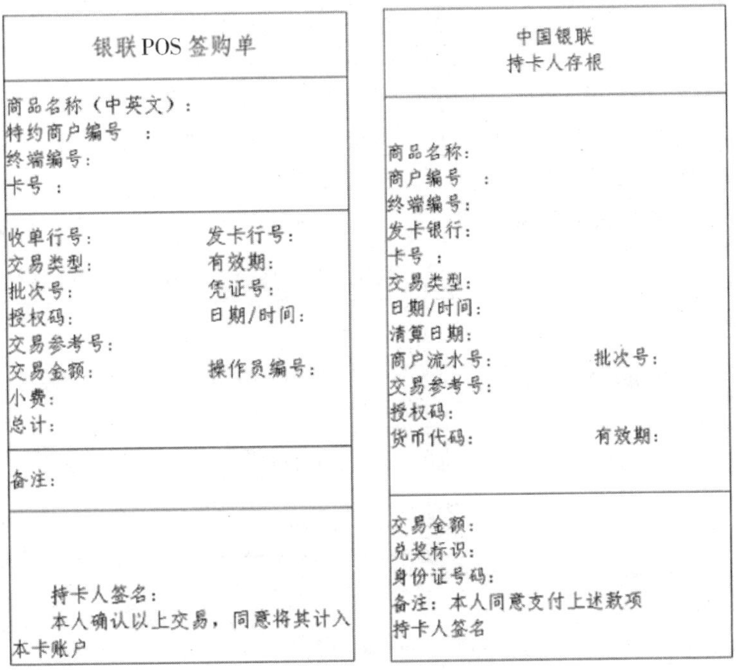

银联POS签购单

商品名称（中英文）：
特约商户编号　：
终端编号：
卡号　：

收单行号：　　发卡行号：
交易类型：　　有效期：
批次号：　　凭证号：
授权码：　　日期/时间：
交易参考号：
交易金额：　　操作员编号：
小费：
总计：

备注：

持卡人签名：
本人确认以上交易，同意将其计入本卡账户

中国银联
持卡人存根

商品名称：
商户编号　：
终端编号：
发卡银行：
卡号　：
交易类型：
日期/时间：
清算日期：
商户流水号：　　批次号：
交易参考号：
授权码：
货币代码：　　有效期：

交易金额：
兑奖标识：
身份证号码：
备注：本人同意支付上述款项
持卡人签名

图 5-9　银联 POS 凭条（签购单）

（5）请客户在 POS 交易凭条的“持卡人签名”处签上姓名：

1）收银员应检查签购单上打印的内容是否完整、清楚、正确。

2）请客户在签购单上签字。同时提醒客户，签字以前，应确认是否为自己的卡号，并仔细核对签购单上的金额及币种是否与实际消费情况一致，只有正确无误方可签名。

3）客户签字后，收银员应核对签字。若客户使用信用卡购物，信用卡除了不需要本金之外，为了方便客户使用，很多信用卡在使用时都不需要输入密码，收银员只须核对使用者的签名。这种方便也给信用卡制造了一些不安全因素，客户的信用卡一旦丢失或者遗落都很可能被盗刷。因此，收银员在面对信用卡结账时，一定要仔细核对客户在签购单上的签名与信用卡背面的用户签名是否一致。这是防止盗用信用卡的最佳方式。

4）发生交易错误或取消交易，收银员应该提醒客户将错误的签购单当场撕毁。此外，收银员还应开具一张抵消签账单以抵消原交易后，再重新进行交易，或请收银主管为客户开具退款说明。

（6）将客户的签名与银行卡背面的签名对比，验证其真实性。

（7）核对无误后，在收银机上进行下一步操作。

（8）刷卡不成功的原因及对策。

由于机器故障、线路堵塞或银行卡本身问题等因素，会出现刷卡不成功的情况。不成功的原因及处理方法见表 5-4。

表 5-4　刷卡不成功的处理办法

刷卡不成功的原因	处理方法
发卡行主机因故关闭	向客户解释，请求更换其他银行卡或现金付款
通信线路故障	请求现金付款
POS 机设备故障	更换机器重新刷卡/请求现金付款
磁条损坏	告知客户实情，请求现金或换卡付款，并提醒客户到发卡银行换卡

除了上述硬件故障，刷卡不成功还有可能是因为该卡所对应账户由于某种原因，被银行冻结或被列入拒付名单，此时应请客户与发卡银行联系。

（9）交易受阻的原因及对策见表 5-5。

表 5-5　交易“受阻”的原因及对策

交易“受阻”的原因	对　策
消费金额超过信用卡的信用额度 储蓄卡户中余额不足	提醒客户，是否卡内金额不足，请更换其他银行卡或采用其他结账方式
短时间里刷卡次数过多	致电银行授权中心进行“人工授权”并向客户详细解释
超过本商场授权金额的消费	打电话给银行取得授权号 对于通过电话授权的交易，应在签购单背面注明授权号码

7. 打印小票

按［F3］键，钱箱打开，打印机自动打印收银小票。

8. 三递一收

此阶段要求收银员将银行卡和签购单的客户联、购物小票一起交给客户，然后按收银机上的“银行卡”键，打开钱箱，保留商场联及银行联，此时收银员应注意以下事项：

（1）交给客户签购单时，不要把银行联或商场联交给客户；

（2）收银员有顺序地将所留商场联及银行联放到钱箱中；

（3）不要积攒多张签购单一起放入钱箱，避免造成混乱，每发生一笔交易后及时放入钱箱；

（4）将签购单的商场联及银行联保存入钱箱后应立即关闭钱箱。

9. 答谢客户

客户转身离去的同时，收银员应主动向客户表示谢意，如“感谢光临”“欢迎您再次光临”等。

（三）银行卡的风险防范

1. 银联卡风险防范的有关要求

（1）收银员按银行卡操作规定，受理客户信用卡付款，并要辨别银行卡真伪，认真核对证件和客户签名。

（2）收银员在下列情况下应拨打授权电话，并将授权号码填写在签购单相应栏中。

1）以手工压卡方式一次性购物消费总额达到规定授权金额的（外卡5000元以上应手工压卡并授权）。

2）对持卡人或对银行卡有所怀疑的。

3）同一张卡同一天在同一收银台两次以上以手工压卡方式购物，消费总额达到授权金额的，应将前次所有交易与本次交易合并压印单据、合并授权，并当着持卡人的面将前次所有交易单据销毁。

4）对联网POS操作的银行卡，客户未在卡背后签名条上预签名的，如果输入密码后交易成功，且核对客户在签购单上的签字与银行卡姓名拼音相符的，收银员可以受理。但对外卡、无密码卡、手工压卡方式操作的信用卡，客户未在卡背后签名条上预签名的，收银员不得受理。

5）企业不受理外卡消费的商品范围包括：大家电、小家电、通信器材、照相器材、黄金钻石（镶嵌饰品除外）、进口手表、高级烟酒等。

2. 对欺诈用卡行为的识别

（1）持卡人身份异常。

（2）持卡人购物态度异常。

（3）购买的商品与常规不符。

（4）持卡人神情紧张。

（5）刷卡行为异常。

（6）分单支付。刷卡未能取得授权时要求分单支付。

（7）签名动作异常。持卡人在签字时要求看卡背面的签名或签字很慢。

3. 高风险类型商户

（1）出售贵重、易变现物品的商户。如珠宝首饰、名表、名牌服饰、高档电器专卖商户等，该类商户单笔交易金额高，商品易于携带和出售套现，也包括百货商店或大型购物商场中出售高档烟酒、高档保健品及家用电器的柜台。

（2）机票代售点或手机专卖店。该类商户交易频繁，不法分子常持伪卡在该类商户人刷卡购票或购手机，再以较低折扣转让。

（3）各类娱乐场所。如夜总会、KTV、酒廊等，因环境复杂，常常成为伪卡或假卡使用的目标场所。

三、购物卡、优惠券收银操作

购物卡和优惠券是商场、超市等零售企业所采用的主要促销方式，也是客户购物消费乐于采取的一种支付手段。使用购物卡和优惠券购物结算方便快捷，有的还能够享受打折优惠待遇，这样既能满足客户的消费需求，又能实现商家的促销目的，可以说是一举两得。因此，收银员熟练掌握购物卡和优惠券的收银操作程序是十分必要的。

（一）购物卡收银操作

1. 购物卡的含义

购物卡又称储值卡、优惠卡，是商场、超市等商业零售企业为促进销售，方便客户购物而发行的企业内部卡。购物卡通常以VIP贵宾优惠卡、贵宾储值卡、消费储值卡等方式发行，在客户购物消费时可享受打折优惠的待遇，但许多企业所发行的购物卡并没有折扣优惠，客户购物消费时只能代替现金使用。

2. 购物卡受理操作

购物卡属于企业内部卡，先充值后消费，因此无须和银行联网使用，可直接在POS收银机上刷卡消费。

（1）购物卡受理操作程序。

1）将商品信息录入收银机，按［结算］键结出应收款金额。

2）告知客户所消费的金额，然后双手接过客户的购物卡。

3）验证客户购物卡的真伪、有效期，检查是否有防伪标记。

4）按［储值卡］键，选择储值卡结算方式；然后在收银机上刷卡，屏幕显示卡内“发卡金额”和“用前余额”。

5）核对卡号与屏幕显示的卡号是否一致，并根据提示输入后六位校验码；无误后告知客户所收的是多少金额的卡，本次消费多少金额。

6）享受折扣的优惠卡要在收银机上做“折扣”操作，普通卡直接扣减消费金额。卡内余额不足时，通知客户以现金补足消费金额，并将该卡收回。

7）回车确认，钱箱打开，打印销售发票或小票，小票须盖章。

8）查看客户优惠卡的余额，告之客户卡内还有多少余额，将卡交还给客户。

9）关闭钱箱，将销售发票或小票交给客户，结束交易。

（2）购物卡受理注意事项。

1）如遇收银机处于断网状态（机器显示为本地）不能刷卡时，应先做联网操作，等网络连接成功后再进行刷卡结算。

2）如遇系统出现刷卡不成功，出现单方扣款的现象，应及时与企业信息部、团购部联系查询并向客户做好解释工作。

3）购物卡消费业务原则上不能打“红冲”操作，否则货款会自动回到客户的卡上，而购物卡不记名，系统无法找到客户追回货款。

4）如果刷卡时刷不出金额，需要检查收银机，并查看刷卡方式是否正确；如果确认是购物卡没了磁性，应联系团购部请客户到团购部充磁或换卡。

5）客户以购物卡购买的商品原则上只换货不退货，若确需退货时，须经主管批准后用专用空白卡在指定收银台进行退货操作，并由收银员在空白卡背面写上退款金额（只退卡不退现金）。不管原销售用的是几张优惠卡，退货时只能退一张卡。

（二）优惠券收银操作

1. 优惠券的含义

优惠券也称作折扣券，是商场、超市等零售企业为促进销售而发行的、客户在购物使用时可以享受一定折扣优惠的凭证。优惠券除了购物优惠之外，还可以与抽奖、赠送等促销活动相配合，是商家经常采用的一种促销方式。

2. 优惠券的种类

优惠券一般分为两种：一种是客户使用现金从商家购买的、上面印有面值的优惠券，通常称作购物券或商品券；另一种是通过一定的发送渠道免费赠送给客户的优惠券，故又被称作赠券或礼券。

（1）购物券。购物券业务从性质上来说属于商家的预收销售款业务，客户必须先以现金购买同等金额的购物券，然后才能消费使用，但许多商家为了促销采取低于面值的金额售出购物券，以此来吸引客户购买。目前，许多商业零售企业为了扩大销售，刺激客户消费，经常开展预收销售款业务，出售具有一定优惠额度的购物券或商品券。购物券自购得之日起有一定的使用期限，在规定时间内用不完或不消费，便视同作废。

（2）赠券（图 5-10）。赠券属于单纯的促销方式，没有面值，无须购买，因此不能单独购物消费使用，只能作为客户购物消费时享受一定折扣优惠的凭证。赠券的设计样式应力求简洁明快，上面应清楚地标明折扣的商品、折扣的金额、采用何种赠品、兑换地点、兑换期限等内容。一般情况下，赠券的有效期限为 3～7 天，也有的有效期较长。通过赠券进行促销的商品一般应选择周转率高的商品，并且要有较大的折扣率，否则赠券的回收率很低，促销效果不好。

图 5-10　购物券

3. 购物券受理操作

当有客户持购物券结算时，收银员应按以下程序受理操作：

（1）将商品信息录入收银机，按［结算］键结出应收款金额。

（2）告知客户所消费的金额，然后双手接过客户的购物券，并告知客户购物券消费不可退货，只可换货。

（3）审验客户所交购物券的真伪，仔细察看购物券的票面有无破损、残缺等情况；检查购物券是否作废或过期，察看公司印章，验证是否为本企业的正规购物券，以防假冒骗购事件发生。

（4）按［优惠券］键，选择优惠券结算方式，并确认客户购物券的面值。

（5）购物券消费不兑换现金、不找零，当客户所购商品金额小于购物券面值时，应提醒客户是否要再选购一定的数量的商品，来凑足购物券的金额；若客户不再选购则按其实际消费金额结算，同时将该购物券收回；当客户所购商品金额大于购物券面值时，提醒客户以现金补足欠款。

（6）在“实收款”栏输入金额，回车确认，钱箱打开，打印发票或小票。

（7）在付款后的优惠券正面分别盖上“货款收讫”章和收银员人名章，然后分类放入钱箱。

（8）关闭钱箱，将销售发票或小票交给客户，结束此笔交易。

4. 赠券受理操作

当有客户持赠券结算时，收银员应按以下程序受理操作：

（1）将商品信息录入收银机，按［结算］键结出应收款金额。

（2）告知客户所消费的金额，然后双手接过客户递交的优惠券，检查赠券的真伪、票面、有效期和折扣范围。过期赠券按作废处理，特殊情况上报收银主管，待批复后再作处理。

（3）迅速准确地点清所收优惠券的数量，并核对客户交来的优惠券是否有效，然后对客户唱收：“共收您优惠券××张。”

（4）按［优惠券］键，输入优惠折扣金额，收银机计算出需要补收的现金金额后告知客户：“您共计消费××元，折扣优惠××元，应再收您××元。”

（5）双手接过客户递交的现金后，迅速准确地点清所收现金的数量，然后声音清晰地对客户唱收：“收您现金××元。”

（6）在“实收款”栏输入金额、回车确认，钱箱打开，将所收现金放入钱格中，打印发票或小票。

（7）找出零钱、关闭钱箱，将找零现金、销售发票或小票双手递到客户手中，结束此笔交易。

赠券购物通常只换货不退货，特殊情况发生退货时，只能退还客户同等金额的赠券，不能退给现金。

四、支票收银操作

支票付款是客户购物消费的结算方式之一。由于支票消费的特点是购物多、金额大、批次少，一般是具有银行户头的客户或团体所采用的消费方式，因此在商场、超市等零售企业前台收银上属于特殊的收款业务。收银员只有掌握支票的相关知识和操作要求，才能做好支票收银业务操作。

（一）支票的概念和种类

1. 支票的概念

支票是出票人签发的，委托办理支票存款业务的银行或者其他金融机构在见票时无条件支付确定的金额给收款人或者持票人的票据。

支票有两个特点：

（1）支票是见票即付的票据。支票在有效提示期限内，执票人一旦提示，付款人则应当无条件地支付票面金额，法定抗辩的事由除外。

（2）支票的付款人只限于银行，而在发票人与付款人之间，要求必须有一定的资金关系存在。这与汇票、本票的付款人无身份限制有很大不同。

2. 支票的种类

按照支付票款的方式，支票可分为现金支票、转账支票和普通支票。

（1）现金支票。支票上印有“现金”字样的为现金支票。现金支票是开户单位用于向开户银行支取现金的凭证，只能用于支取现金（图 5-11）。

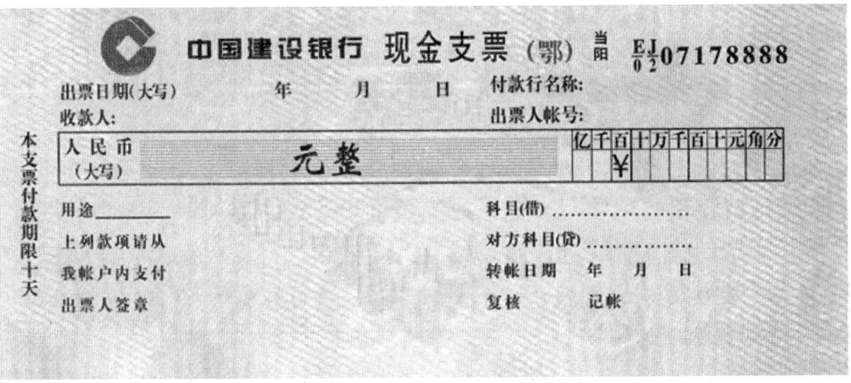
中国建设银行　现金支票（鄂）
当阳　EJ 02 07178888
出票日期(大写)　年　月　日　付款行名称:
收款人:　出票人帐号:
人民币（大写）　元整　亿 千 百 十 万 千 百 十 元 角 分　¥
用途
上列款项请从
我帐户内支付
出票人签章
科目(借)
对方科目(贷)
转帐日期　年　月　日
复核　记帐
本支票付款期限十天

图 5-11　现金支票

（2）转账支票。支票上印有“转账”字样的为转账支票。转账支票是用于同城单位之间的商品交易、劳务供应或其他往来款项的结算凭证，只能用于转账（图 5-12）。

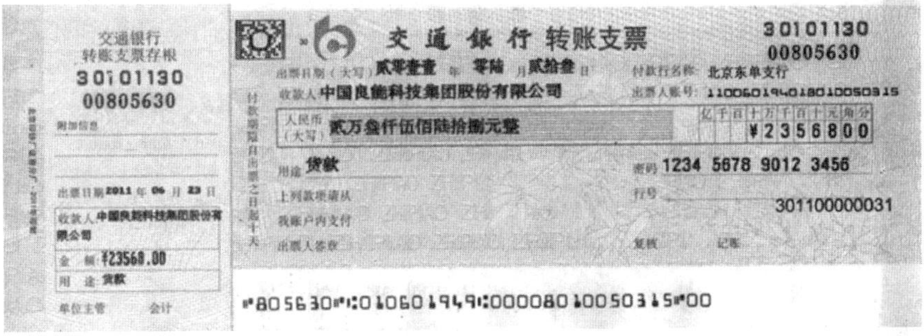
交通银行　转账支票存根
30101130
00805630
出票日期 2011 年 06 月 23 日
收款人 中国良能科技集团股份有限公司
金额 ¥23568.00
用途 货款
单位主管　会计
交通银行　转账支票
30101130
00805630
出票日期（大写）贰零壹壹 年 零陆 月 贰拾叁 日　付款行名称 北京东单支行
收款人 中国良能科技集团股份有限公司　出票人账号 110060194018010050315
人民币（大写）贰万叁仟伍佰陆拾捌元整　¥2356800
用途 货款　密码 1234 5678 9012 3456
上列款项请从　行号 301100000031
我账户内支付
出票人签章　复核　记帐
⑈805630⑈:010601949:000080100503 15⑈00

图 5-12　转账支票

（3）普通支票。支票上未印有“现金”或“转账”字样的为普通支票。普通支票既可以用于支取现金，也可以办理转账。在普通支票左上角划两条平行线的为划线支票。划线支票只能用于转账，不能支取现金。

（二）支票收银操作程序

支票结算在收银工作中的业务量比较少，一般属于集体消费，如单位购买办公用品和劳保用品等，通常数量较多，金额较大。当有客户持支票购物结算时，收银员必须在指定的收银台上操作，而不能在自己的收银台上操作。

1. 支票结算受理操作程序

（1）将商品信息录入收银机，按［结算］键结出应收款金额，并告知客户，然后收取客户的支票。

（2）审验支票的真伪，除按上述支票的审验方法审验支票外，还要仔细察看票据有无破损、油渍等。

（3）查验客户的身份证件，与客户本人进行比较，看是否是其本人的有效证件，并在“支票登记簿”上登记客户的姓名、单位、支票号码、金额、联系电话和身份证号码，发现可疑情况及时通知收银主管。

（4）登记完毕，按［支票］键，选择支票结算方式，输入支票号码，再选择相应的银行支票，然后回车确认。

（5）在“实收款”栏输入客户付款金额，回车确认，收银机钱箱打开，打印销售发票。

（6）在审核无误的支票上填写小写金额，并在小写金额数字前面写上符号“¥”封口；如客户要求对支票各项填写齐全，应满足客户要求，逐项填写支票各栏目。

（7）填写完毕，将支票放进钱箱，然后关闭钱箱，将支票存根联连同销售发票一并交给客户，结束此笔交易。

2. 支票结算受理注意事项

（1）支票受理后，应及时电话通知总收款室，在解款单上记录已收支票的金额，等收银员上缴支票时核对签收。

（2）支票消费在前台收银作业中被列为团购。有信用关系的单位持支票前来购物时，在提供担保后可以当场发货；无信用关系的单位持支票消费时，为保证企业资金的安全，必须等到支票到账后（一般为 3 天，遇节假日顺延）方可发货。通常领班及以上管理人员可以提供总数不超过 1 万元的支票担保，业务代表、门店经理和楼层经理可以提供总数不超过 3 万元的支票担保。

（3）支票购物后发生退货，如支票尚未送交银行，收银员应将支票退还给客户；支票已经送存银行的，待支票到账后由财务部门将货款划转给客户单位，不得作现金退货处理。

（4）发生支票退票情况后，总收款室立即通知相关收银台，告知退票原因，同时根据支票背面的记载，与客户联系调换支票事宜；尚未发货的，按新支票到账时间重新计算发货时间。

（5）属于客户原因造成的支票退票，由客户重新调换支票；属于收银员填写不规范造成的支票退票，由收银员联系客户后上门调换，而且对推延发货日期不能协商一致的，仍按原定日期给客户发货。

五、支付宝、微信收银操作

近年来，支付宝、微信积极推动条码支付的应用推广，这种“免钱包”付款方式的推出，让客户再也不怕出门忘带钱包了，是支付方式的革命，也是线下支付方式的大势所趋。收银员非常有必要掌握这种新兴支付方式的收银操作流程。

（一）支付宝移动支付业务

1. 支付宝商户版的含义

支付宝商户版是面向支付宝签约商户、支付宝企业账户及高级个人账户的专业化账户管理平台，交易管理、财务管理、批量资金结算服务等功能，让您的财务体系一览无遗，更加智能化的交易财务数据下载、批量收付款、语音支付等服务，让您的支付宝账户使用更加便捷、安全。

2. 支付宝移动支付方式

支付宝移动支付方式如图 5-13 所示。

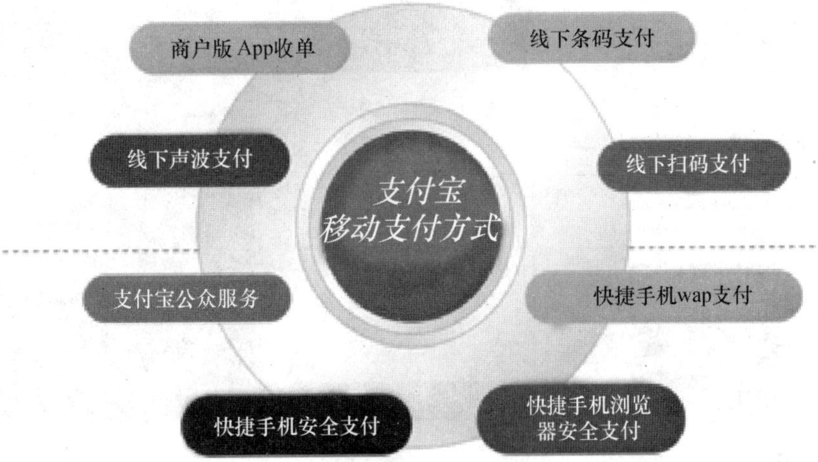

图 5-13　支付宝移动支付方式

（1）线下条码支付（图 5-14）：终端商户收银柜台或者便利店，使用红外线扫描枪扫描用户支付宝钱包产生的条码/二维码完成扣款的收单过程。应用场景：便利店、超市、商场、品牌专卖店、烘培、餐饮、海关、旅游景点等已具备或适合加装条码识别设备的商户。商家有扫码枪设备的，推荐使用签约条码支付。

图 5-14　线下条码支付

（2）线下扫码支付（图 5-15）：指商户专柜或者收银台打印或者副屏展示支付宝二维码，用户使用支付宝钱包扫码工具扫描二维码，并在手机端完成订单付款的收单过程。应用场景：扫码支付多应用于大型商场、购物中心、超市以及生活服务场景。商家有屏幕可以显示二维码，或者 POS 机支持热敏打印，打印支付宝二维码。

（3）线下声波支付（图 5-16）：通过在终端商户收银台或者收银设备上集成声波接收设备（如麦克风），用户使用支付宝钱包声波支付功能与收银台或者收银设备之间进行声波传递用户付款 ID 信息，并完成实时付款的收单过程。应用场景：声波支付主要适用于商店超市集中收银集成环境、自助售卖机以及多功能自助终端设备付款场景。商家有可以接受声波设备的终端时，推荐使用声波支付。

图 5-15　线下扫码支付

图 5-16　线下声波支付

（4）商户版 App 收单。商家下载支付宝钱包商户版，利用手机或者平板进行收款。应用场景：小商户无其他收单机具，利用自己手机完成收款。

（5）支付宝公众服务

帮助商家申请支付宝服务窗平台，申请前与商户确定服务窗名称。需商户提供 3 张图片（门牌号，门店正面，内景图），如服务窗名称涉及品牌，需一同上传品牌授权证明。应用场景：商户与渠道合作，并且商户未申请过支付宝服务窗。

（6）快捷手机 WAP 支付

买家在手机应用或浏览器中购买商品或服务，买家选择支付宝网页支付，调用支付宝网页收银台。应用场景：支付宝服务窗内产生支付，例如“新希望双峰乳业”服务窗订奶。

（7）快捷手机安全支付（适用于自身具备开发功能的商家）

在手机应用中购买商品或服务，买家选择通过支付宝快捷支付（无线）进行支付，进入支付宝收银台进行付款。应用场景：例如“快的打车”App，叫车后用支付宝付款。

（8）快捷手机浏览器安全支付

基于快捷手机WAP支付的基础上，如使用的浏览器与支付宝有合作，则会调研快捷手机安全支付。应用场景：用户使用UC、QQ、天天等手机浏览器，购买商品或服务，则会调研快捷手机安全支付。

3. 超市收银员支付宝收银操作流程（图5-17）

（1）将商品信息录入收银机，按［结算］键结出应收款金额。

（2）告知客户所消费的金额，在收银机上选择［支付宝］选项。

（3）在“实收款”栏输入金额。

（4）请客户出示付款条码（客户打开支付宝钱包→客户点击手机右上角“付款码”）。

（5）收银员扫描付款码，客户在手机上输入支付密码确认支付，完成支付。

（6）打印发票或小票。

（7）将销售发票或小票交给客户，结束此笔交易。

其实整个过程比较简单，只需要使用支付宝扫码扫一下，1秒钟的时间，钱就付好了，不用找零，也不用签名。除了支付环节外，客户还省去了开包、拿钱或掏卡、付完再塞回这三个步骤。要比过去省下至少2/3的时间。

那么，是不是所有的条码扫码枪都能扫描支付宝上的付款码吗？当然不是，对手机屏幕上显示的条码，现有的激光扫描枪无法读取，只有红光扫描枪才能胜任。

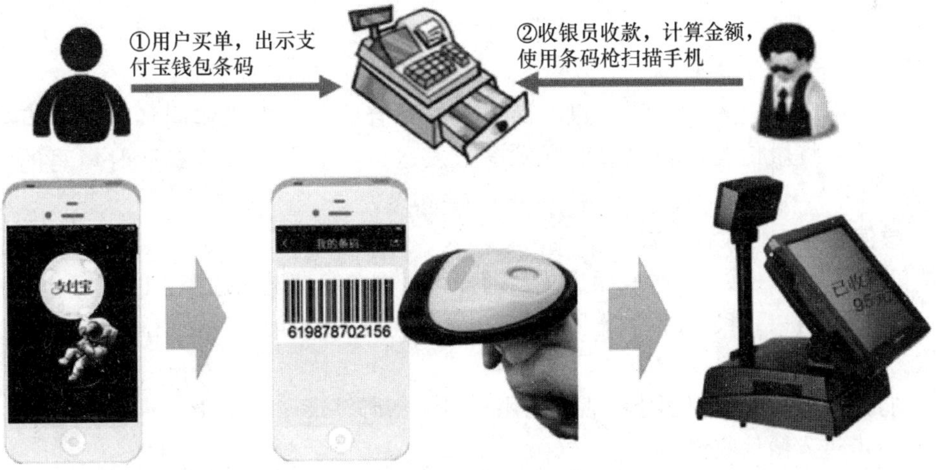

图5-17　超市收银员支付宝收银操作流程

（二）微信移动支付业务

1. 什么是微信支付

微信支付是集成在微信客户端的支付功能，用户可以通过手机完成快速的支付流程。微信支付以绑定银行卡的快捷支付为基础，向用户提供安全、快捷、高效的支付服务。

微信支付（商户功能），是公众平台向有出售物品需求的公众号提供推广销售、支付收款、经营分析的整套解决方案。商户通过自定义菜单、关键字回复等方式向订阅用户推送商品消息，用户可在微信公众号中完成选购支付的流程。商户也可以把商品网页生成二维码，张贴在线下的场景，如车站和广告海报。用户扫描后可打开商品详情，在微信中直接购买。

线下实体商户可通过掌贝等微信支付，服务商直接申请。所需条件：

（1）持有组织机构代码证；

（2）公众账号须通过微信认证。

1）公众账号申请条件/申请资格。

申请成为公众账号支付商户需要满足，必须满足以下条件：

① 拥有公众账号，且为服务号。

② 公众账号须通过微信认证（未认证用户，可先申请微信认证）。

2）公众账号申请具体流程：

① 进入申请页面，填写“商户基本资料”“业务审核资料”“财务审核资料”等资料。

② 签署承诺函，资料审核通过后，按照指引下载承诺函模板，并签署盖章。

③ 签署协议，确认商户信息、在线签署微信支付服务协议，无须邮寄合同。

④ 注意事项：

a. 每个阶段审核时间为 7 个工作日。

b. 若审核不通过，可在微信公众平台“通知中心”查询审核不通过的原因，请修改后在重新上传。

c. 为了不耽误进入下一步，建议商户将签订合同与开发工作同步进行（审核通过时，腾讯会将微信支付相关重要开发参数发送至“业务审核资料”时填写的邮箱中）。

2. 微信移动支付收银方式

微信移动支付一共有三种收银方式，商户可根据自身情况来选择。

（1）收银软件：客服提供软件安装包安装至计算机端，配置一把扫码枪连接电脑进行收银。

1）打开收银台：使用创建的店员的用户名、密码登录（图 5-18）。

2）点击进入微信收银。

3）输入收款金额（图 5-19），按回车键确认。

4）用扫码枪扫描客户微信中的付款条码（图 5-20），收银成功。

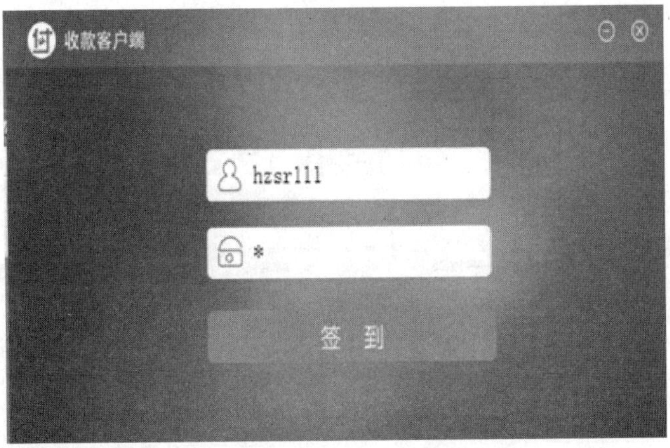

图 5-18　输入用户名、密码

图 5-19　输入收款金额

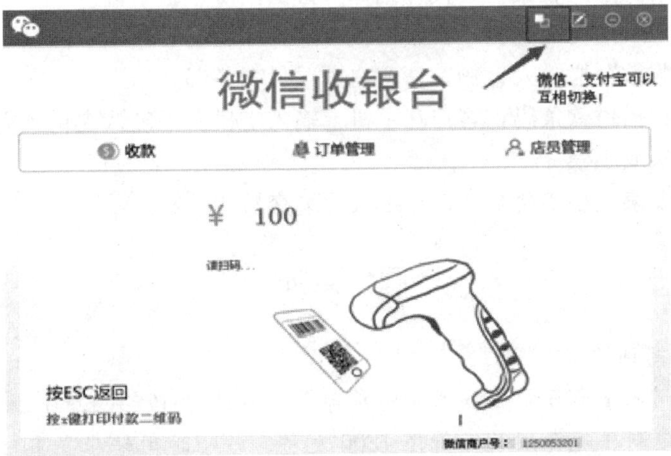

图 5-20　提示用扫码枪扫描

按回车键返回，可在订单管理查询支付详情（图 5-21）或进行退款操作。

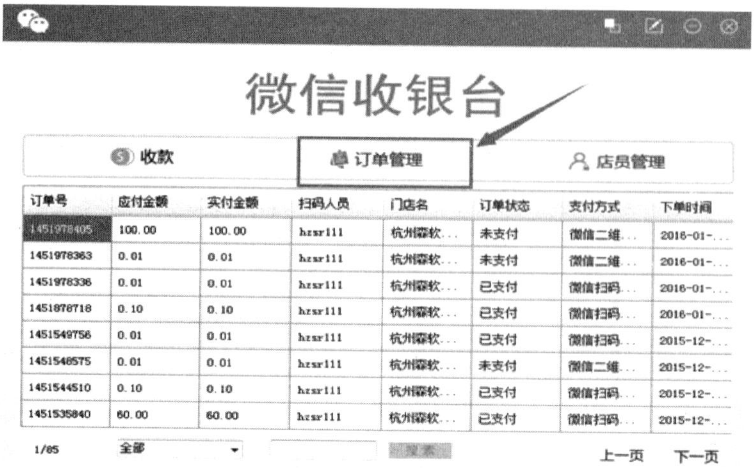

图 5-21　查询支付详情

（2）三通道 POS 机（图 5-22）。

内置微信、支付宝、银联刷卡 3 个通道，配置流量卡可移动支付。

（3）已有收银系统商户。

针对像超市类型商户已有收银系统的，可安装微信支付宝收银插件，对接收银系统。

（4）固定支付二维码。

适用于比较小的商户，不需要配置任何机器，可在扫码支付管理后台下载打印支付二维码，客户扫描二维码输入金额支付。

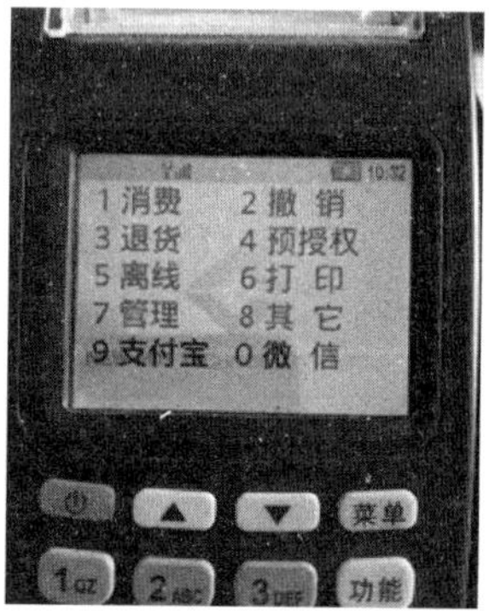

图 5-22　三通道 POS 机的界面

3. 超市收银员微信收银操作流程

（1）将商品信息录入收银机，按［结算］键结出应收款金额。

（2）告知客户所消费的金额，在收银机上选择［微信］选项。

（3）在“实收款”栏输入金额，请客户出示付款条码。

（4）收银员扫描付款条码，客户在手机上输入支付密码确认支付，完成支付。

（5）打印发票或小票。

（6）将销售发票或小票交给客户，结束此笔交易。

◇同步实训◇

1. 发票的填写训练

练习一：贵州电子商务职业技术学院总务科王红于 2017 年 12 月 28 日在清镇家乐富超市购买一批迎新年晚会用品，价值 1200 元整。结账时用转账支票付款，开户银行为光大银行清镇支行，账号 20010248737000。请根据以上条件帮助收银员正确填写支票。上述晚会用品明细是：瓜子 50 斤，单价 10 元；水果糖 50 斤，单价 12 元；橘子

100 斤，单价 1 元。请帮助超市收银员开具发票。

2. 新华酒店有限责任公司于 2018 年 1 月 16 日购买型号为 XHD001 的电视机 5 台，单价 3800 元，制单人为李晓，收款人为张海，请您为该公司开具一张购货发票，将相关信息填入表 5-6。

表 5-6　发票

购货单位：　　　　　　　　日期　年　月　日　　　　　　　　　　NO. 08567

品名	型号	单位	数量	单价	金额								
					百	十	万	千	百	十	元	角	分
人民币（大写）	佰　拾　万　仟　佰　拾　元　角　分												

制单　　　　　　　　　　收款：　　　　　　　　　　发货：

项目六　收银相关业务处理

学习目标

1. 掌握退换货业务处理程序。
2. 掌握商场、超市日常防范措施。
3. 掌握抢劫、火灾、停电、地震事件处理。

任务一　退换货业务处理

退换货处理是收银工作的一项相关业务，做好商品的退换业务，是商场、超市等零售企业提高服务质量的一项重要内容。但是，各商家的退换政策并不一致，有的是不退不换；有的是客户至上，有求必应；也有的采取折中的政策。商家的退换政策以及退换货处理的情况，在很大程度上影响着客户对企业的信任程度，进而影响到企业的经济效益。因此，做好商品退换货处理工作，对于企业的经营发展有很大的促进作用。

一、退货业务处理

退货是指客户在购买商品后的一定时期内，对确有质量问题的商品向商家要求退掉商品和退还等价现金。商场、超市的商品退货处理应根据本企业的“商品销售退换货管理规定”进行，尽量做到客户满意。

商场、超市发生商品退货业务时，具体处理程序如下：

（一）受理客户的商品和凭证

当客户携带商品要求退货时，首先审核客户是否有本商场或超市的销售发票或收银小票，以确定客户所购商品是否属于本店出售的商品；然后确认该商品属于哪一类商品，是否属于退货商品的范围。

（二）听取客户的陈述

认真听取客户有关的抱怨和要求，细心倾听客户陈述有关商品退货的原因，并做好记录，这些记录可能成为改进工作的依据。

（三）判断是否符合退货标准

商品受理后，应根据国家《消费者权益保护法》的有关规定以及本企业“商品销售退换货管理规定”，判断该商品是否符合退货条件。如本企业的“商品销售退换货管理规定”与《消费者权益保护法》有关条款相冲突，应以《消费者权益保护法》相关内容为准。如不能满足客户的要求而客户依然坚持的话，应请上一级管理人员处理。判断是否符合退货标准时主要应遵循以下几点：首先，审核退货商品是否超出退货的时限标准；其次，审核退货商品是否符合企业规定的退货标准。

1. 可退货的商品

（1）在可退货的有效时限内并且确有质量问题的，可予以退货。

（2）一般性商品在规定时限内，无质量问题、有整齐的包装，又不影响二次销售的，且符合本单位当初退货约定的（如开展无理由退换货活动等），可以退货。

（3）在三包有效期内，修理了两次仍不能正常使用的商品，客户出示质量鉴定书后应及时给客户办理退货。

（4）家电类商品须在客服部门开取退换单，有关部门进行检测及鉴定，无论金额大小，只要鉴定出质量问题，须及时给予退货。

2. 不可退货但可换货的商品

（1）有质量问题，超出了退货的时限，但在换货时限内的，可予以换货。

（2）无质量问题，但不影响二次销售的一般性商品，可予以换货。

3. 不可退货也不可换货的商品

（1）有质量问题，但超出退换货时限的商品。

（2）无质量问题，但有明显的使用痕迹，影响商家二次销售的一般性商品。

（3）无质量问题，但经过客户加工或特别为客户加工过的商品，如特别为客户量身修改过的服饰等。

（4）无质量问题，因客户使用、维修、保养不当，自行拆装或因自然灾害而造成损坏的商品。

（5）无质量问题，且原包装损坏或遗失、配件不全或损坏、无保修卡的商品。

（6）个人卫生用品（如内衣、睡衣、泳衣、袜子等）及消耗性商品（如电池、胶卷等），不予退换（但属质量问题的例外）。

（7）清仓品或赠品。

（8）已售出的无质量问题的生鲜商品。

（9）涉及知识产权类的商品，如软件、音像制品及书籍等。

（10）其他不符合“商品销售退换货管理规定”的商品等。

4. 同客户协商处理方案

与客户协商解决方案，即提出解决方法，一般情况下应尽量让客户选择换货。如客户坚待要求退货的，经审核符合退货条件的，应同意其退货。

5. 明确退货批准权限

对于不同金额及数量的商品退货，收银员（或客服人员）必须得到相应的管理人员授权、审核、批准才可以进行，即明确退货的金额是否在他们处理的权限范围内。

6. 办理相关退货手续

一般情况下，收银员不能直接在自己的收银台办理商品退货业务，只能在指定收银台或服务台由授权人员办理。

（1）开具红色销售凭证。首先，由营业员开具一式两联的红色的销售凭证，并在凭证上注明“退货”字样；然后，由卖场主管以上人员签字同意后，收银员方可受理。

（2）填写“退换货登记簿”。营业员须带领客户一起到授权收银台办理退货手续，并由营业员填写“退换货登记簿”。登记簿上的有关事项须填写清楚，由当班收银员负责监督检查。填写完毕，由营业员和退货的客户分别签字确认。

（3）收回客户原购物凭证。办理退货时，一定要收回客户的原购物发票或小票，并将其与机打退货发票或小票的第二联贴在一起留存，并在原发票或小票上注明“作废”。无发票退货的，须由分管经理签字批准后方可受理。

（4）收银机处理退货程序。授权收银机处理退货的操作程序如下：

1）调整授权钥匙。一般系统不允许收银员直接进行退货操作，应先通知收银主管进行授权，请收银主管用专用钥匙或密码将收银机调整到允许退货的状态。

2）输入商品信息。当收银机授权可退货后，收银员首先按［退货］键，进入退货操作界面，录入交易流水号，再录入营业工号、商品编码；然后回车确认，系统自动显示原商品交易信息。

3）按原来的付款方式退出，如原销售产生积分或折扣时，积分须按［会员卡］键进行刷卡退货，并将积分退出；有金额折扣的，则按［折扣］键，再输入金额即可。由于降价等原因造成商品实退金额小于商品现价的，则手工录入商品的原价和实退金额。

4）处理完毕按［确认］键，钱箱会自动打开，打印机自动打印退货凭证。一般情况下，收银员应将退货现金及退货凭证一同交给客户，然后关闭钱箱，并在“退换货登记簿”的所办理的退货业务栏上盖上自己的名章。

（5）退还客户所交货款。

收银员在退还客户货款时，应根据客户购物时所采用的支付方式予以处理。

1）以现金结账的退货。客户以现金结账退货时，退货程序处理完毕，收银员要当场退给客户与购买商品同等的现金。

2）以银行卡结账的退货。客户通过银行卡结账退货时，只能通过银行划账的形式将退货款划到客户的银行卡中，不得退付现金。操作时应注意以下问题：

其一，客户当天退货，收银员可凭客户的签购单在银联 POS 机上按［消费撤销］键，根据屏幕提示输入相关记录，由银联 POS 机自动处理后，打印出消费撤销的 POS 凭条；然后在收银机上取消当日的该笔销售单据即可。部分退货的，先在收银机作全额退货处理，再将未退部分商品作重新销售处理。

其二，客户隔日退货，收银员应告知客户把钱退到卡上的时间会比较慢，本市需要 3～7 天的时间，外地需要 7～15 天的时间。如客户同意将钱退到银行卡上，收银员可按上述操作进行退货，并在消费撤销的 POS 凭条背面注明收银台电话，以备客户查询；同时记录客户的卡号、金额、开户行地址、客户姓名及联系方式，以便做好回访工作。

3）以支票结账的退货。首先，支票到账前不可以退货。支票到账后客户需要退货时，先由营业员带客户到财务部办理支票退货手续；然后收银员凭财务部开具的“支票退货审批单”和红字销售凭证，在收银机上做退货处理。结账时填写红字支票送存簿，并与“支票退货审批单”一起交总收款室。

4）以优惠卡/券结账的退货。如果客户购物时使用的是优惠卡或优惠券，收银员在退货处理时，只能退还客户同等金额的优惠卡或购物券，不得退付现金。

二、换货业务处理

换货是指客户以某种理由要求商家予以更换商品，或商家对客户购买的有质量问题的商品按国家有关法律规定做换货处理。商场、超市的商品换货处理也应根据本企业的“商品销售退换货管理规定”进行，同样要做到保证客户满意。

换货业务的处理程序与退货业务大同小异。

任务二　应急突发事件处理

应急突发事件是指情况紧急的，或是突发性的，且有可能产生重大损失或严重后果的事件。商场、超市等零售企业是人员与货物密集的场所，不仅每天接待众多的客户，而且营业区域内陈列着大量的商品，因此安全管理重于泰山。安全管理最重要的就是要注重事前防范，要强化包括收银员在内的每一位员工的安全意识，使其熟悉并掌握各种应急事件的处理措施，从而做到一旦发生突发事件，能够不慌不乱，冷静处理；尽力保障人员安全，减少企业财产损失。

一、日常防范措施

灾害通常会在意想不到的时候侵袭过来，但如何应付得当也能防患于未然，或将灾害减低到最低限度。因此，作为一名优秀的收银员，一定要加强防御意识，做好防范措施，将危险的行动或状态先行消除。

（1）客户通道或收银作业区内不可放置商品、手推车、空购物篮、空箱盒等，要保持通道干净通畅。

（2）客户通道或收银作业区内如有水果、菜汁，地面会很湿滑，容易摔伤客户或自己，因此要经常保持清洁干净。

（3）熟知各种消防器材的名称、性能、使用方法及放置的位置。

（4）在规定的吸烟场所之外不可以吸烟。

（5）危险物品（鞭炮、汽油、炸药等易燃易爆物品）不可带进店内。

（6）经常检查收银及消防设备所用的电源，要确保安全使用无隐患。

（7）当遇到紧急事件发生时，要照预先所分配的任务行动，并且听从店长或上司的命令，冷静行动。

二、抢劫事件处理

（一）抢劫的含义

抢劫是指使用武力，以武力相威胁或使用暴力，使受害人置身于恐惧之中，从而夺取或试图夺取他人所照看、保管或控制的财物的行为。

（二）避免抢劫风险的措施

1. 避免现金堆积所招致的风险

（1）保持收银机内现金在最低限额。

（2）业务量大时，总收款人员应及时做好大钞预收，取走收银机内的过量现金。

（3）营业结束时，应把结余现金分散开，以免总收款室和保险柜外存放大量钱款。

（4）保险柜内不隔夜存放现金，应及时联系银行收款及代存收银机零用金钱袋。

2. 收银台下安放保险柜

（1）在收银台下安放保险柜是一种保证过量现金避险的应急措施。

（2）尽量及时取走收银机内的现金，有助于收银机内的现金保持最低限额。

（三）发生抢劫事件的处理措施

一旦发生抢劫事件，作为收银员，一定要沉着冷静，妥善采取以下处理措施：

（1）当抢劫事件发生时，收银员不要反抗武装劫匪，尽量保障人身安全，并严格按其要求去做。

（2）被劫匪逼迫的收银员要反应敏捷，且不动声色，按抢劫犯的要求将钱放进袋子里。

（3）尽最大努力注意抢劫犯的形象特征，而不要太显露地去观察他们究竟都干了些什么。

（4）抢劫犯离店后立刻报警，若有无声警报系统，应尽快启动。

（5）抢劫事件过后，在没经过本单位领导同意的情况下，不要向新闻媒体提供任何信息。

三、火灾事件处理

（一）火灾报警措施

（1）火灾发生时，首先通报本店总经理或值班经理。报警人在报警时应讲明着火位置，火势大小，燃烧物质，有无人员伤亡及本人姓名、电话号码，最好不要离开或关闭电话，以便及时取得联系。

（2）火灾情况严重时，应立即拨打“119”报警电话。报警时要讲清楚发生火灾的单位、所在位置、联系电话。

（3）发生火灾时，所有人员均须服从现场指挥部的命令。

（4）经理是现场指挥部最高负责人，所有重要决策必须有经理或值班经理的批准。

（二）火灾处理措施

一旦火灾发生，应视火灾的大小、火势的强弱等情况采取不同的处理措施。

（1）收银员应该立即锁好钱箱，收好相关凭证，马上就近使用消防设施扑灭火势。

（2）如果火势迅速蔓延，或是发生有毒、化学易爆品火灾，或是已造成人员伤害，应采用的方案主要以疏散为主。具体措施如下：

1）作为收银员，应该清楚，一旦发生火灾就意味着有可能会关闭电源和设备，因此要尽快处理完手中业务（若情况非常紧急，应该劝阻客户购物），关闭设备，切断电源。

2）收银员及财务人员负责看护好企业账簿和现金，并同保安一起争取将其转移到安全地带。

3）作为收银员，在做好本职工作的前提下，尽可能地帮助疏散客户。如迅速打开收银通道，告诉客户不要拥挤，不要使用电梯、电扶梯，以及就近的紧急出口位置等。

四、停电事件处理

卖场内平时有相应的防范措施，如应备有紧急照明灯、手电筒等应急照明工具，有条件的商场、超市可安装自动发电机。作为一名收银员，停电发生时务必要保持冷静，采取以下处理措施：

（1）要保持冷静，迅速将收银机抽屉锁好，保护好企业的营业款，不能擅自离开自己的工作岗位。

（2）应迅速上报主管或经理，并及时通知维修部门前来检修，以便做出对策。

（3）马上启用自动发电机，保证店内照明和收银区的当时作业，应使客户保持原位，防止出现“跑账”现象。

（4）以客气的语气尽可能地安抚客户，注意自己的人身及财产安全，同时为停电给客户带来的不便表示歉意。

（5）停电时收银机无法结算，应该劝客户放弃购物。若对方坚持结账，在请示值班经理后，可利用空白纸条填上购买金额，并盖发票章，请客户下次来店时凭临时收条兑换发票。

◇同步实训◇

到附近的几家商场或超市去实地观察、学习下列工作：

几家商场或超市分别是如何进行退换货业务处理的？要经过哪些手续？接待人员的态度如何？有没有“无理由退换货”的承诺？若有，执行情况如何？

有没有出现过应急和突发事件？若有，是什么事件？他们是如何处理的？合理吗？

项目七　收银工作管理

学习目标

1. 了解资金、发票与印章管理。
2. 熟悉收银工作排班和排岗、商品编码知识。
3. 掌握收银设备管理、商品防损管理。

任务一　收银工作排班和排岗

一、收银排班操作

（一）收银排班的必要性

商场、超市等零售企业的营业时间一般从8：00开始到22：00结束。有些超市7：00即开始营业，至24：00才打烊，还有的超市连锁店24小时不间断营业，中间没有任何休息时间。如果收银工作不科学的排班，收银员将难以承受超常的工作时间和体力消耗。因此，为了配合作息时间，有效提高工作效率，必须根据企业的营业情况，对所有收银员科学地予以轮班及轮休安排，以便为客户提供最佳的服务。

（二）收银排班应考虑的因素

（1）企业营业时间的长短。企业营业时间的长短，是考虑班次的主要因素之一。若一个企业的营业时间为12个小时左右，可以安排两个班次；超过12个小时者，则可安排三个班次。但要根据工作特点，每班都应错开排班。

（2）各时段的客流量。商场、超市等零售企业在全天的营业时间内，随时都有客户光临，但客流量有大有小。通常位于市区的商场、超市，其高峰营业时间在午餐前后和16：00—19：00的下班时段；而位于郊区的商场、超市，在7：00—8：00以及20：00—21：00这两个时段会出现客流高峰。

因此，在客流高峰时段应增加收银员的排班密度，安排较多的人手，以减少客户排队等候的时间，缓解收银工作的压力；反之，则应降低收银员的排班密度。

（3）店内收银员的人数。在安排班次及各班次的值班人数时，应充分考虑在一定时间内可供排班的正式与兼职收银员的人数。这不仅仅是编制的问题，还涉及人事成本，应符合企业的经营原则。

一般而言，正式收银员都经过专门的训练，熟悉整个收银作业流程。而兼职人员只担负了部分的工作（如结账及装袋服务），工作时数也只有 4 小时，大部分是由现场收银员随机指导。因此，在排班时，每一班次都必须有正式收银员值班，负责执行其他收银作业、现金管理和特殊情况的处理等。在高峰时段或节假日，则可弹性安排兼职人员，以配合营业需要。

（4）节假日和促销活动期。每逢节假日或实施促销活动期间，商场、超市的营业状况一般会比平日好得多，不仅全天客流量较大，而且每个客户的平均消费额也会比较高。因此，在节假日和促销活动期间，必须在排班上做一些变动，合理安排收银班次和人员，以满足这一期间经营活动的需要。

（5）其他因素。收银排班时除充分考虑收银员以外，还要考虑收银机数量、收银员工作餐的时段安排、收银员的轮休安排、每班次收银员工作时间的长短等因素。

（三）收银排班的原则

（1）及时服务客户原则。这是指在商场、超市营业期间的任何时候，尽量保证每一收银台前排队等候结账的客户一般不超过 5 人，从而保证及时为客户提供收银结算服务。

（2）适应营业需要原则。进行收银排班时应与不同时段的客户数量、营业额相适应。营业高峰时期开机（收银机）数量多，营业低峰期间开机（收银机）数量少。

（3）简单操作原则。尽量使收银员每周的工作班次简单易记。如每周上同一班次，而不是一周内两三个班次轮换。

（4）成本效益原则。将收银员的工作总工时控制在企业要求的范围内，避免出现收银员闲置的状况，以有效减少人力开支，更好地体现企业低成本经营策略。

（四）收银排班的操作步骤

（1）纠正以前排班的问题。收银工作排班前，应首先参考过去一个阶段或上个月、上个季度的排班情况，对上一阶段排班中出现的问题及时纠正，对以前营业期间排班不足或排班过多的情况进行调整。

（2）预计本时段的销售额。对本次收银排班的整个时间段内的销售情况进行预先估计，包括对正常营业日、周末、节假日以及促销活动期间的销售额的预先估算等。

（3）确定开机数量。对每一天各个不同时段的客流量及销售额进行分析估算后，确定各个重要时间段所需要的开机数量，或根据以往经验确定开机的数量。

（4）进行初步排班。在充分考虑前述影响排班的几个因素的基础上，初步排出科学合理的收银班次。

（5）确定收银员排班表。对排定的班次作进一步的调整，并考虑不同收银员不同班次的调整。最后确定出科学合理的收银员工作排班表。

【案例】

以贵阳某超市为例，营业面积3000平方米，共有收银机7台。其全天的营业时间为8：30—21：30，则各营业时段的开机数量和收银排班表安排如下：

1. 平日各个营业时段的经验开机数量

8：00—11：30　2台

11：30—13：00　3台

13：00—17：00　3台

17：00—21：30　4台

2. 工作餐时间安排

中餐40分钟：11：00—11：40；晚餐40分钟：17：00—17：40。

二、收银排岗操作

收银排班决定某一时间段收银机的最大开机数量和收银员的人数，而收银排岗则确定收银机实际开机数量和开机的具体位置。

（一）收银排岗应注意的问题

进行收银排岗时应注意以下问题：

（1）营业期间，如果每个收银台前有超过5名客户在排队结账，应考虑加开收银机营业。

（2）营业高峰期间，开机的最大数量是开满所有的收银机，而不是排班表上的最大开机数量。

（3）收银员不能自己要求在某一指定的收银台内上机，必须服从收银主管的统一安排和调度。

（4）商场营业面上所开的收银机要本着方便客户寻找的原则，因此应选择离客户购物区域较近的收银机开机。

（5）应注意适时地分流客户，避免有过多的客户集中拥挤在某几个收银台前或某一小区域内付款结算。

（6）尽力使排岗收银机的数量和位置与付款结算的客户流量最大限度地相适应。

（二）收银排岗的操作技巧

任何一项工作都有其操作上的技巧，掌握工作中的技巧有利于提高工作效率。收银工作排岗时的操作技巧有以下两个方面：

（1）根据不同特点的客流排岗。

（2）考虑不同的销售区域排岗。

（三）排岗当中工作餐的安排

1. 工作餐的安排原则

（1）必须保证收银员能够在合理的时间内进餐。

（2）安排工作餐时，以不影响收银工作的正常进行为最佳的安排原则。

（3）工作餐由收银主管统一安排。

2. 工作餐的安排方式

（1）轮流：收银主管可根据排班和排岗的工作记录，轮流安排收银员用餐。

（2）换岗：即让用餐的收银员进行用餐，另一名收银员重新上机，收银机继续开机收款。

（3）暂停：即让用餐的收银员暂停收银，并使收银机处于关机状态。

任务二　资金管理

一、现金管理

（一）现金的存放管理

现金存放主要是指对每日收取的现金和库存现金的存放。现金存放有以下几项管理要求：

（1）收银员营业期间收取的每一笔现金，必须及时放入收银机的钱箱内，临时外出时必须将钱箱锁好，同时用链条等物品拦住收银台的出入口，并在收银台放置“暂停服务”的警示牌。

（2）营业结束时，收银员必须打印收银报表，核对实收现金、报表、发出商品总值三者是否相符。若不相符的，应在当天找出差错原因并进行相应处理。

（3）收银员应及时将当天营业所收的现金上缴总收款室。具体上缴营业款的时间和次数由企业根据实际情况而定。原则上，收银员不能保管现金过夜。

（4）现金的存放要有相应的保安措施。保安工作的重点是企业的总收款室和出纳人员的办公室。总收款室和出纳人员的办公室应选择坚固实用的房间，能防火、防潮、防盗，窗户要装有防盗网，门要安装防盗门，室内应配备专用保险柜。保险柜密码和钥匙应由总收款人员和出纳人员专门管理，不得交其他人员代管。总收款人员和出纳人员发生变动，应及时更换保险柜密码。

（5）对收银机钱箱及保险柜内的现金，为便于管理，应按券别分类存放；纸币和硬币也应分别存放，以便于整理和清点。

（6）出纳人员和收银员在收付、存放现金时应爱护人民币，不准损毁人民币，不要在人民币上写字、画记号；残缺、破损的人民币，应及时向银行兑换。

（二）现金的交纳管理

收银员收取的现金，必须于每天营业结束（或交接班）后上缴企业的总收款室，不得留作他用，更不能作为储蓄存入个人账户。

（1）收银员将当班期间的营业现金进行整理。纸币满 100 张捆成一把，不满一把的，按票面金额大小顺序排好，点清金额写在纸条上，并用纸条扎住；硬币满 50 枚卷成一卷，不满 50 枚，按币值分类，用专用硬币盒排好。

（2）将实收现金与收银报表进行核对，核对无误后，填写“现金交款单”，如有长短款，长款须填写“长短款报告单”，短款则由收银员自己负责补齐，之后将交款单据与现金一并上缴总收款室。

现金交款单一式两联，收银员在填写时，应用双面复写纸，日期应为营业日当天，款项内容填写清楚，收据张数要准确无误，大小写金额要一致，交款人签字盖章，将收据附在上报交款单的后面，与现金一同送交总收款室，双方当面清点款项，办好交接手续。

二、支票管理

（1）收银员向出纳人员交存支票。收银员收到客户交来的支票后，应按要求将支票的内容填写完整，然后将支票和销售发票一并交出纳人员，由出纳人员送存银行。交支票时，还应填写“支票交款单”，一张支票填写一份，内容包括收款项目、支票张数收据张数、总计金额等，并在“备注”一栏注明银行名称和支票号码。出纳人员审核无误后，签字盖章，一联出纳人员留存；一联退回收银员。

（2）收银员应将收到的支票在备查簿中进行登记，并留存客户的电话、身份证号码等，以备支票出现问题时及时联系客户，并且待款项到账后通知业务人员发货。

三、发票管理

（一）发票的领用

商场、超市每日营业前，当班收银员或服务台人员要向发票管理员领取发票。采用税控机打发票销售的零售企业，营业前由收银员领取收银机机打发票，领用时在发票领用登记簿上逐卷（200 份一卷）登记发票的起止号码、领用日期、单位等内容，签字确认后方可领用。不采用机打发票而采用机打小票销售的零售企业，营业前由卖场的服务台人员领取手写发票，领用时在发票领用登记簿上逐本登记发票的起止号码、领用日期、单位等内容，签字确认后方可进行盖章发放。

（二）发票的开具

商场、超市等零售企业使用的是普通发票，开具发票时应遵守以下规定：

（1）未发生经营业务一律不准开具发票。

（2）收银员或服务台人员只能开具普通发票，增值税发票以及其他专用发票由财务部门开具。

（3）开具发票时必须按实际的商品名称、金额、数量填写，不能虚开发票，更不能开空白发票。

（4）开具发票时，必须做到按发票号码顺序填列，填写项目齐全，内容真实，字迹清楚，逐栏、全部联次一次性地如实复写、打印，内容一致，不能涂改划破和粘贴。发票必须有开票人签名，并在发票联加盖单位的发票专用章。

（三）发票的保管

空白发票和存根应由企业不直接经办货币资金业务的人员保管。发票在保管时应遵守以下规定：

（1）发票保管要做到“三清”，即手续清、账目清、责任清。

（2）发票应使用专用保险柜保管，并建立使用登记制度，设置发票登记簿登记发票的领购和领用情况，确保账实相符。

（3）在保管发票的过程中，要注意防火、防盗、防霉烂毁损、防虫蛀、防鼠咬、防丢失。

（4）不准相互转借、转让发票。

（5）不准出现账实不符的现象。

（6）不准擅自处理发票中出现的空白联和其他残次的联次。

（四）发票的交回

收银员或服务台人员在交回已使用过发票的存根联时，发票管理员要逐份、逐本检查发票的起止号码，有无缺页、少号等情况；收入的钱款有没有如数上缴财务部门等。经检查没有问题后，双方签字，再按相关手续发给新的空白发票。发票管理员要对检查无误的已用发票的存根联捆扎装箱，到税务部门结报后，按税务部门的规定妥善保管。

任务三　收银设备管理

收银设备是收银工作的主要工具，离开了收银设备，收银工作将无法进行，所以收银设备对于从事商品经营的零售企业来说至关重要。由于目前的收银设备均为精密的电子仪器，需要精心养护才能维护系统的正常运转，延长其工作寿命。因此，作为收银设备的使用者，收银员应当熟悉各类收银设备的管理要求，加强收银设备的日常维护与管理。

一、收银机管理

（1）收银机是收银工作的主要设备和收银系统的运行载体，由收银员负责日常使用维护及管理工作。

（2）每天清洁电子收银机，保持收银机外表的整洁；严禁在收银机上放置任何物品，不得在收银机周围放置液态物品，以防液体侵入机器；每月请计算机管理人员对收银机键盘、内壳进行一次清理。

（3）严格按照收银机的开、关机程序操作：开机时首先打开 UPS 电源，再开启主机电源；关机时应先退出收银系统，关闭主机电源，再关闭 UPS 电源，最后盖上防尘罩。

（4）工作时动作要轻，严禁用力敲打键盘，以免损坏内部元件；不得随意转动显示器，以免数据线松动或扭断。

（5）严禁收银员频繁开启和关闭收银机。断电关机后，至少在 1 分钟后才能开机。

未经计算机管理人员同意，不得随意搬动、拔插电子收银机后盖的电源线和数据线。

（6）当收银机出现故障或液体侵入收银机时，须立即通知计算机管理人员到场解决，并尽量保护故障现场；如收银机相关设备损坏时，须通知计算机管理人员，将损坏的原件交回信息部处理。

（7）要经常保持收银机显示器（包括主显示器和客户显示器）的清洁卫生，但不得使用表面粗糙的布或纸擦拭显示器，以防划擦显示器的表面，影响显示效果。

（8）不要随意转动显示器。如需调整显示器的角度，应双手轻轻调整。

（9）工作中如发现显示器异常时，应立即和计算机管理人员联系，严禁自行拆卸检查显示器。

（10）有关部门应对收银机的操作、保养情况定期或不定期地实施检查，如有违反具体操作规程的，均要实行一定的经济处罚。凡是人为使用不当造成机器损坏的，修理费自理。

二、扫描器管理

（一）台式扫描器的管理

（1）使用前首先将台式扫描器的位置放置正确，然后检查扫描器是否处于正常工作状态。接通电源后，绿色指示灯亮，内置马达高速旋转，当听到连续的“嘟嘟”声，并产生垂直向上、纵横交错的激光束，则表示扫描器处于正常工作状态。

（2）正确扫描商品条码。扫描商品条码时，应注意商品条码是否存在断码、变色、模糊不清等现象。若条码正常，则将商品条码朝着扫描窗口，顺箭头方向划过，听到“嘟”的一声后，表示商品信息已被正确录入。

（3）扫描器待机时，应用盖板遮住扫描窗口。若发现扫描器面板上红灯亮，扫描商品时听不到“嘟”的声响或扫描条码后无商品资料显示等现象时，应立即通知计算机管理人员检查维修。

（4）日常工作中应注意扫描器的保养和管理，注意避光、避灰尘，保持扫描窗口表面的清洁；非工作时间必须切断扫描器的电源。

（二）手持式扫描器的管理

（1）使用前，应先检查一下扫描器的连接端口，看是否插在正确位置。

（2）接通电源后，扫描器绿色指示灯亮，同时听到“嘟”的一声响，即表示扫描器工作正常，并处于待机状态。

（3）使用时，应注意商品条码是否有断码、变色、模糊等现象；扫描商品时，要手握扫描器手柄，将扫描窗口对准商品条码，注意商品条码与扫描器之间的距离不超过30厘米。当扫描器发出“嘟”的声响，则表示商品条码已被正确录入。

（4）工作中如有异常现象，如扫描器亮红灯、开机或扫描商品条码时无“嘟”的声响、商品信息无显示等现象，此时应立即停止工作，并及时通知计算机管理人员来检查维修。

（5）扫描器待机时，须小心地将其放置在托架上；当营业结束、收银机关闭时，应切断扫描器的电源。

(6) 日常工作中应注意扫描器的保养和管理，注意避光、除尘，经常保持扫描窗口表面的清洁，并注意轻拿轻放，以防碰摔仪器。

(三) 打印机管理

(1) 经常保持打印机的清洁卫生，不得随意移动和私自拆卸打印机。

(2) 严禁在换打印纸、色带、墨盒及撕纸时动作不当或野蛮操作。

(3) 打印机工作时，收银员应注意看守，如发现挤纸情况时应立即停机处理。

(4) 工作中如打印机出现异常，应立即和计算机管理人员联系，严禁自行拆卸、维修打印机。

(四) UPS 电源管理

UPS 电源是保障收银设备的供电稳定和工作连续性的重要设备。为保证收银设备工作的稳定性，收银台都需配备 UPS 电源。UPS 电源管理和维护的好坏，直接关系到 UPS 电源的寿命和故障率，因此要加强 UPS 电源的管理和维护。UPS 电源管理和维护时应注意以下几点：

(1) UPS 电源对清洁卫生的要求较高，经常保持 UPS 电源外壳的清洁卫生，如果 UPS 电源主机内的灰尘较多或周围环境潮湿，会造成主机运转的紊乱；大量灰尘也会造成 UPS 器件散热不良。所以，对 UPS 电源要注意防尘防湿，并且至少每季度彻底清洁一次。严禁把 UPS 电源放在潮湿的地方，不要在 UPS 电源上及其周围放置任何物品。

(2) 开启收银机之前应先开启 UPS 电源，而关闭 UPS 电源之前应先关闭收银机。需要注意的是：如果停电，只靠 UPS 电源供电的情况下，应该先开启 UPS 电源，等待 UPS 电源进入稳定工作状态下（开启 UPS 电源 10～20 分钟后），再开启收银机。关闭收银机后不能马上关闭 UPS 电源，应等待 UPS 电源充分散热后（约 10 分钟）才能关闭 UPS 电源。

(3) 在带电的情况下，不得搬动 UPS 电源或拔插 UPS 上的电源线；严禁在 UPS 电源上接连与计算机无关的设备，以防 UPS 超负荷运转。

(4) 当开启或使用中的 UPS 电源发出报警声及非正常声音时，须立即通知计算机管理人员。未经计算机管理人员许可，严禁以任何理由打开 UPS 电源进行检查。

(5) 工作中的 UPS 电源一旦短路，收银员必须立即切断电源，并通知计算机管理人员到场处理。

三、计算机管理

(1) 使用前应正确安装计算机，并将其摆放整齐、稳妥。严禁随意移动、私自拆卸及野蛮操作计算机。

(2) 经常保持计算机及其周围环境的清洁卫生；严禁随意删除计算机内的各种软件、数据等；严禁随便修改计算机系统，如系统配置、口令、IP 地址等。

(3) 严禁使用外来的软件，以防感染病毒，破坏机器。确因工作需要而需使用外来软件时，应报计算机管理人员批准，经其安全检查后方可使用。

（4）严禁利用计算机及网络设备泄露企业的经营资料；严禁使用他人的用户名和密码开机操作；严禁在一台计算机上开多个用户窗口，操作人员离开时必须退出应用程序。

（5）禁止撕毁计算机设备外的标识性文字、封条等；不得利用计算机网络异地传递大批量和大型的图形文件。

（6）计算机开关机必须按以下顺序操作：开机时，首先打开 UPS 电源，再打开外围设备（打印机、显示器等）电源，最后打开计算机主机电源；营业结束时，先退出所有的应用程序，再退出操作系统，关上主机电源，关好外围设备电源，最后关 UPS 电源。若在使用中计算机出现故障，应立即停止使用，通知计算机管理人员前来维修，严禁自行维修计算机。

◇同步实训◇

1. 利用休息时间，到商场、超市去了解企业相关的收银设备管理措施。
2. 了解相邻超市在收银排班时考虑的因素有哪些？

项目八 超市收银实务

学习目标

1. 熟悉零售业态认知。
2. 熟悉收银相关标识。
3. 掌握超市卖场布局。

任务一 零售业态知识

超市是超级市场的简称，最早产生于1930年的美国纽约。1930年8月，美国人迈克尔·库仑在美国纽约州开设了第一家超市——金库仑联合商店。当时，美国正处在经济大危机时期，他的超市平均毛利率只有9%，这和当时美国一般商店25%～40%的毛利率相比是令人吃惊的。为了保证售价的低廉，必须做到进货价格的低廉，只有大量进货才能压低进价，迈克尔·库仑就以连锁的方式开设分号，建立起保证大量进货的销售系统，他首创了自助式销售方式，采取一次性集中结算。20世纪五六十年代，超市在世界范围内得到较快的发展。在我国，超市是在20世纪90年代逐步发展起来的。经过几十年的发展，超市行业蒸蒸日上，已经成为人们生活中不可缺少的一部分。

一、零售业态认知

零售业态是指零售企业为满足消费者不同的消费需求和提高企业的竞争力由不同的细分市场、目标客户、商品结构、经营规模、销售方式、服务功能、门店选址、店面设施等因素构成的，具有稳定性强、特征突出的不同的零售商业组织类型和经营方式的具体形态。

国家质量监督检验检疫总局和国家标准化管理委员会联合颁布《零售业态分类》（GB/T 18106—2004）的国家标准（2004年10月1日实施），将零售业态分为17种，分别为大型超市、超市、仓储会员店、百货店、食杂店、便利店、折扣店、专营店、专卖店、家居建材店、购物中心、厂家直销中心、电视购物、邮购、网上商店、自动售货亭、电话购物。这里主要介绍常见的五种零售业态，如图8-1所示。

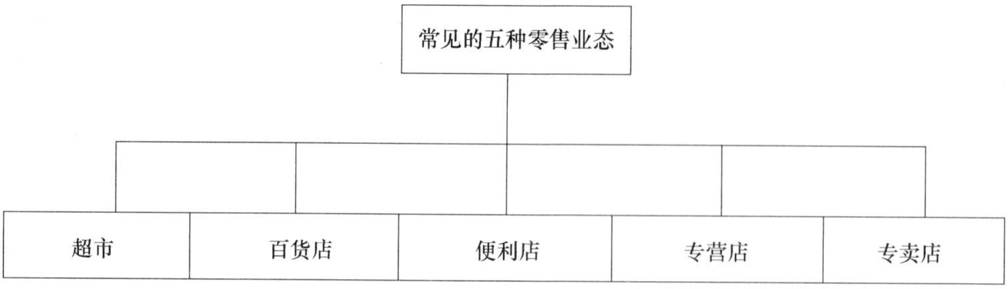

图 8-1　常见的五种零售业态

（一）超市

超市是指实行敞开式售货，采取客户自选商品和集中结算的方式，销售各类食品和生活用品为主，以满足消费者日常生活需要的现代零售业态。超市较为突出的特点见表 8-1。

表 8-1　超市的特点

超市的特点	销售食品和生活用品
	自助式服务
	提供多种服务
	非食品品种增多
	规模大、成本低、毛利低、销量大
	商品品种繁多

小案例：世界排名第一的大型综合超市——沃尔玛

沃尔玛是一家世界性连锁零售企业，其品牌标志如图 8-2 所示，由零售业的传奇人物山姆·沃尔顿先生于 1962 年在美国阿肯色州成立。总部位于阿肯色州的本顿维尔，沃尔玛主要涉足零售业，是世界上雇员最多的企业，连续三年在美国《财富》杂志全球 500 强企业中居首位。目前，沃尔玛在全球 27 个国家开设了超过 10000 家商场，下设 69 个品牌，员工总数 220 多万人，每周光临沃尔玛的客户达 2 亿人次。

图 8-2　沃尔玛的品牌标志

沃尔玛提出“帮客户节省每一分钱”的宗旨，实现了价格最便宜的承诺，沃尔玛还向客户提供一流服务的新享受。公司一贯坚持“服务胜人一筹、员工与众不同”的原则。走进沃尔玛，客户便可以亲身感受到宾至如归的周到服务。另外，沃尔玛推行“一站式”购物新概念，客户可以在最短的时间内以最快的速度购齐所有需要的商品，在商品结构上，它力求富有变化和特色，以满足客户的各种喜好。其经营项目繁多，包括食品、玩具、新款服装、化妆用品、家用电器、日用百货、肉类果蔬等。这种快捷便利的购物方式吸引了越来越多的现代消费者。

（二）百货店

百货店，即百货商店，是指在一个建筑物内，经营若干大类商品，实行统一管理，分区销售，满足客户对时尚商品多样化选择需求的零售业态。

百货店的选址一般在城市繁华区、交通要道；店面规模大，营业面积在5000平方米以上；商品结构以经营服装、服饰、衣料、家居用品为主，种类齐全、少批量、高毛利；设施豪华，店堂典雅、明快；采取柜台销售与自选（开架）销售相结合方式：采取定价销售，可以退货；服务功能齐全等。

总的来说，百货店的特点可以概括为3个，见表8-2。

表8-2　百货店的特点

序号	特点	主要内容
1	营销特点	购物环境优美、服务体系完善、优良的企业形象
2	客户特点	中高档消费者、追求时尚的年轻人、流动人口
3	商品特征	经营主流商品、扩张性商品、个性化需求强的商品

小案例：新世界百货有限公司

新世界集团是香港的知名企业，以物业、电信等核心业务为主。稳健的财务状况、多元化的业务组合、因时制宜的商业策略，使新世界集团变得更具实力，成为香港举足轻重的大财团。新世界集团看准市场契机，于1993年成立了新世界百货有限公司（以下简称“新世界百货”），其品牌标志如图8-3所示，并于翌年在中国华中地区最大的城市——武汉，经营管理了第一家百货商场。

图8-3　新世界百货的品牌标志

新世界百货根据市场情况及自身优势，确定了中高档路线的市场定位，高雅、时尚的中青年一族是新世界百货的主要目标客户。新世界百货针对不同城市的消费特点制订不同的市场策略，从装修风格、卖场布局，到货品陈列、商品组合，再到促销推广、客户服务；从外观到内涵；从视觉到感觉，甚至听觉、嗅觉，每一细微之处，都务必让客户享受到与众不同的购物乐趣。

“一站式”购物是当代购物模式的新主流，超市更是“一站式”购物的代表。新世界百货专门成立了超市部，为各地百货配套。全面、齐全、多选择的新世界超市成为客户的新焦点。

经过多年辛勤的耕耘，新世界百货现已花木繁茂。从华中、华东到东北、华北再到西南的众多城市，新世界百货皆以其专业的管理人才、丰富的营运经验、灵活的营销手法，赢得了知名度，成为当地百货业的典范。

（三）便利店

便利店是指位于居民区附近，以经营即时性商品为主、满足便利性需求为第一宗旨，采取自选式购物方式的小型零售店。便利店是一种用以满足客户应急性、便利性需求的零售业态。

便利店的兴起缘于超市的大型化与郊外化，超市的变化体现在距离、时间、商品、服务等诸多方面。例如，大型超市远离购物者的居住区，需驾车前往：卖场面积巨大，品种繁多的商品消耗了购物者大量的时间和精力；结账时还要忍受“大排长龙”等候之苦，以上种种使得那些想购买少量商品或满足即刻所需的购物者深感不便，于是人们需要一种能够满足便利购买需求的小超市来填补空白。便利店的特点见表 8-3。

表 8-3　便利店的特点

便利店的特点	距离的便利性
	购物的便利性
	时间的便利性
	服务的便利性

小案例：加油站便利店

在国外，有车一族习惯于在加油站购买日常用品，方便快捷。中国石化加油站就设立了易捷便利店，其品牌标志如图 8-4 所示。目前加油站便利店商品全部实行的是统一进货、统一价格、统一结算、统一管理的模式，加油站商品由总部统一和茅台、中粮集团、西安开米、可口可乐、农夫山泉等知名公司和宜昌的三峡茗酥、湖北老巴王、湖北枝江酒业股份有限公司、湖北楚国春酒业股份有限公司等签订合同并配货，确保货物品质。集团化的运作降低了进货成本，销售价格和一般超市相当，有的甚至更低。加油站便利店实行 24 小时营业，方便司机和就近居民到加油站选购。作为目前中国规模最大最具潜力的便利店，中国石化将利用“易捷”这个平台，使传统加油站升级为提供各类商品、汽车美容、快修保养、ATM、保险代理、彩票、“得来速”快餐等业务的服务站，成为“有车一族生活新驿站”。

图 8-4 易捷品牌标志

（四）专营店

专营店是从百货店中分化出来的，也叫专业店，是指专门经营一类商品或几类相关联商品的零售业态。专营店在某一类商品上做到了品种齐全，或在某一种商品上做到了款式多样、花色齐全。由于其经营商品种类的有限性和专业化，使门店经营与管理相对简单、门店运营效率很高。门店能够提供完善专业的商品销售服务，营业员不但要了解商品的基本性能、功能和对客户的吸引力所在，还要掌握商品的原料特性、工艺流程、使用与保养等各个方面的知识。完善的顾问式咨询和无顾虑的售后服务是专营店门店服务的典型特征。国美电器和苏宁电器就是典型的家用电器专营店，其标志如图 8-5 所示。

国美电器标志　　苏宁电器标志

图 8-5 专营店标志

（五）专卖店

专卖店是指专门经营或授权经营某制造商品牌或中间商品牌，以适应消费者对品牌选择需求的一种零售业态。如特步、阿迪达斯等，其标志如图 8-6 所示。专卖店门店经营商品的品牌具有排他性，是品牌经营个性化的特点。专卖店的服务比一般零售店的要求高，专卖店的营业员和导购员一定是该商品的行家，具有丰富的商品专业知识，能用令人信服的理由来引导客户购买相应的商品。周到灵活的服务还体现在能够帮助客户进行消费设计，根据客户的特点，为他们设计生活、引导消费，提供多种个性化服务、多功能服务以及专项服务等。

特步标志　　阿迪达斯标志

图 8-6　专卖店标志

二、商品知识

（一）商品的含义

商品是零售企业获利的主要来源。所谓商品，是指用来交换的劳动产品，是使用价值和价值的统一体。它集物理特点、服务特色、象征特色于一身，而且可以满足消费者或者给消费者带来便利。

（二）商品的分类

商品可以按不同标准进行分类，从门店经营活动的角度看，可以从商品的形态、用途、客户的购买方式、购买习惯等方面分类，以体现销售对象、使用目的和销售方式等，为企业采取正确的商品策略提供条件。按商品的耐久性和有形性分类，可以分为耐用品、消耗品等；按消费者对商品的选择程度，可以分为便利品、选购品、特殊品、非渴求品；按经营业务种类和消费者购买习惯，可以分为日用杂品、日用百货、专用品、流行商品等。

（三）商品包装

包装就是装商品的容器。一件商品一般有三层包装：①内层包装是指产品的直接包装；②中层包装是指保护首要包装的包装物；③外层包装是指为了便于储运、识别某些产品的外包装，例如装牙膏的那个塑料管是内层包装，附有各种图案的纸盒子是中层包装，装卸搬运用的黄色硬纸盒是外层包装。

作为超市的收银员、理货员、收货员等一线服务人员，需要了解商品的包装标记和包装标志。

包装标记是指根据商品的特征和商品收发事项，在包装上用文字和阿拉伯数字表明的规定记号。包装标记的三个方面，见表 8-4。

表 8-4　包装标记

序号	包装标记	说明
1	商品标记	注明包装内的商品特征的文字记号，反映内容主要是商品名称、规格、型号、计量单位、数量
2	质量体积标记	注明整体包装的质量和体积的文字记号，反映的内容主要是毛重、净重、皮重和长、宽、高尺寸
3	收发货地点和单位标记	注明商品起运、到达地点和收发货单位的文字记号，反映的内容主要是收发货的具体地点和收发货单位的全称

包装标志是用来指明包装内容物的性质，为了运输、装卸、搬运、储存、堆码等的安全要求，在外包装上用图像或文字表明的规定记号。常见的包装储运图示标志见表 8-5。

表 8-5　常见的包装储运图示标志

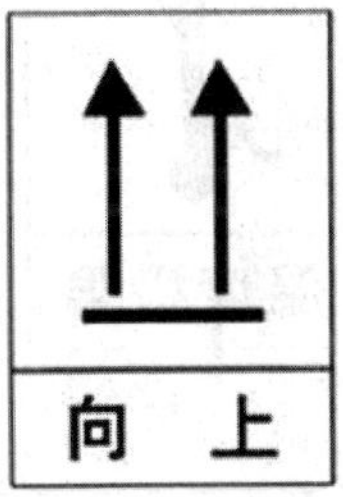

续表

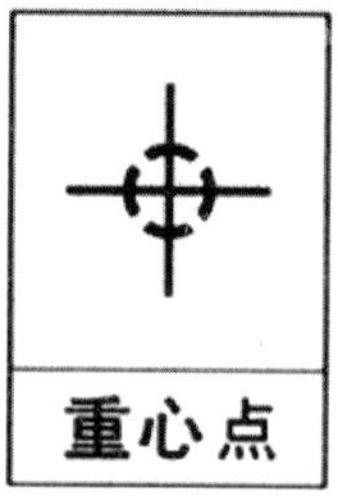 重心点	 禁止翻滚
 由此夹起	 此处不能卡夹
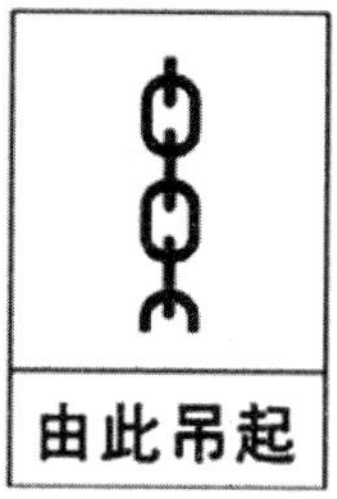 由此吊起	 温度极限
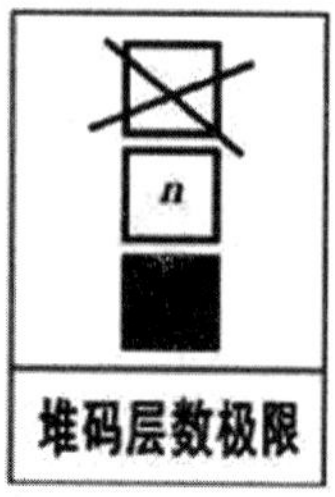 堆码层数极限	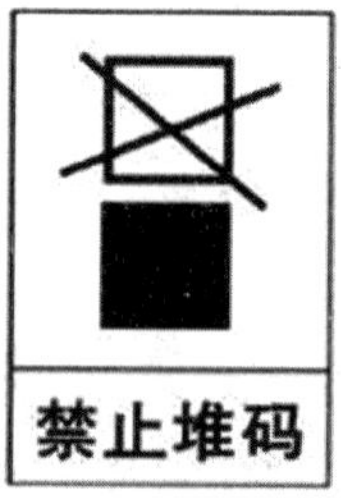 禁止堆码

任务二 超市卖场布局

超市卖场的布局很有讲究，好的布局可以为客户带来便利，为超市带来销量。作为收银员，或者说只要是超市的员工，都应该熟悉该超市的布局，更好地为客户提供服务。常见的超市布局包括以下区域：茶叶区、药品区、快速冲印区、鲜花区、样点区、烟酒区、面包区、糕点区、水果区、饮料区、乳制品区、调味品、膨化食品、鲜肉区、蔬菜区、鲜鱼区、家庭用品区、冷冻食品区、粮油区、冰淇淋区、推荐商品区、超市收银区、电梯区。

一、超市卖场布局原则

（1）有利于商品销售和提高服务的原则。开超市的目的是为客户提供服务和商品销售，所以超市的布局设计必须遵循促进销售和便于服务的原则。

（2）方便客户的原则。要让客户在消费的过程中，容易得到服务和寻找想买的商品，便于商品的发现、获得、搬运等，使客户能节省时间。

（3）节约成本的原则。合理的卖场布局要有利于节约客户寻找商品的时间、便于企业进行管理商品和提高超市营业面积的利用率，降低营业成本等。

（4）统一性和灵活性相结合的原则。这是对连锁超市来说的，统一性要求超市要体现出连续企业的经营特色，灵活性要求了解门店所在地区的消费特点，并进行适当调整。

二、超市卖场的商品布局

（1）饮料部，以落地式货架为主，多为单独区域，有时也和酒类相邻摆放。有些饮料品牌会在卖场做堆头，形成展示区。

（2）食品部。以饼干、方便面、儿童食品、乳制品为主，多摆放在店铺卖场中央位置，用落地式货架陈列。以纵向布局为主，强调多品牌竞争。

（3）日用品部。主要包括洗涤用品、卫生用品和其他日用杂货，一般摆放在店铺中后区域，采用落地式货架陈列。

（4）生鲜食品部。以蔬菜、冷冻食品、鱼、肉等为主，多用冰柜陈列，摆放在购物通道的最后区域。

（5）粮油食品部。主要包括食用油、大米、调料等，通常和生鲜食品部相邻。

三、磁石理论在超市卖场商品布局中的运用

超市卖场中的磁石是指能够吸引客户注意力的商品或地方。所谓磁石理论，是指在超市卖场商品布局和配置中，在最具吸引客户注意力的地点，配置以合适的具有吸引力的商品，从而形成磁石点和磁石商品的最佳组合，达到促进销售和增加销售的目的，在超市卖场中形成这种对客户最具吸引力的磁石点，必须靠科学的商品配置策略和技巧来完成。

一般而言，超市卖场中具有对客户吸引力的磁石点有5个（表8-6），要按不同的磁石点来配置相应的商品，以充分发挥磁石点的作用（图8-7）。

表8-6 超市卖场的五大磁石点具体的商品配置策略

磁石点	磁石位置	配置要求	配置商品
第一磁石点	位于主通路的两侧，是消费者的必经之地，也是商品销售最主要的地方	由于特殊的位置优势，不必刻意装饰即可达到很好的销售效果	1. 消费量多的商品 2. 消费频度高的商品 3. 主力商品
第二磁石点	穿插在第一磁石点中间，位于次通路的末端，通常是在商店的最里头	第二磁石点商品负有诱导消费者走入卖场最里面的任务，要突出照明度及陈列装饰	1. 最新的商品 2. 具季节感的商品 3. 明亮、华丽的商品
第三磁石点	位于超市陈列货架两头的端架位置	第三磁石点商品就是要刺激消费者、留住消费者，且是卖场中客户接触频率最高的位置，盈利机会大，应重点配置，商品摆放做到三面朝外	1. 特价商品 2. 大众化的品牌、自有品牌的商品 3. 季节商品 4. 高利润商品
第四磁石点	卖场中副通道的两侧	是要让消费者在长长的陈列线中间引起注意的位置。这个位置的配置不能以商品群来规划，而必须以单品来规划，需要在陈列方法和促销方式上刻意体现	1. 热销商品 2. 有意大量陈列的商品 3. 广告宣传商品
第五磁石点	卖场堆头	能够引起一定程度的客户集中，烘托门店气氛，展销主体需要不断地变化	用于大型展销、特卖活动或者节日促销的商品

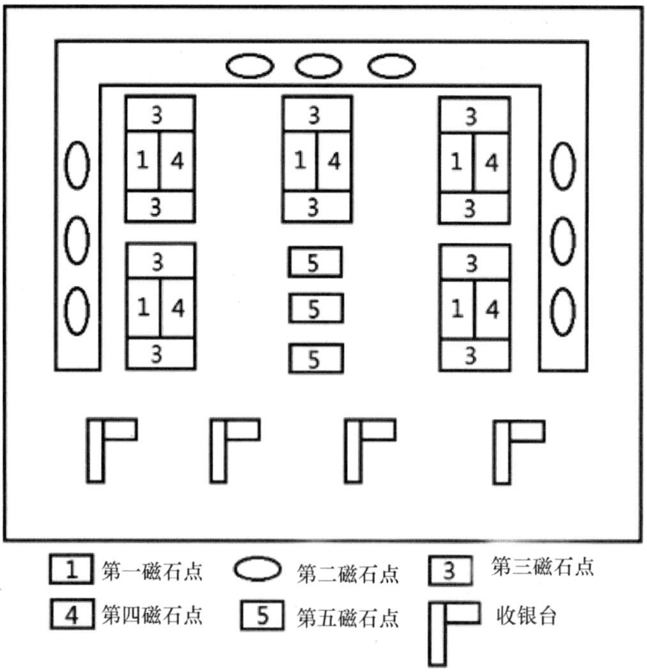

图8-7 超市卖场商品布局中的磁石点

◇同步实训◇

1. 全班自由分组，每组4～6人，自行确定组长并进行分工。结合校园超市或曾经去过的超市，画出其卖场布局图。

2. 通过第1题中的布局图，将看到的情况填在表8-7中。

表8-7　超市卖场布局情况调查表

超市名称			
序号	项目	位置	陈列的主要商品
1	第一磁石点		
2	第二磁石点		
3	第三磁石点		
4	第四磁石点		
5	第五磁石点		

参考文献

[1] 人力资源和社会保障部教材办公室．收银员：基础知识［M］．北京：中国劳动社会保障出版社，2012.

[2] 人力资源和社会保障部教材办公室．收银员：中级［M］．北京：中国劳动社会保障出版社，2012.

[3] 人力资源和社会保障部教材办公室．收银员：高级［M］．北京：中国劳动社会保障出版社，2012.

[4] 王淑敏．收银员岗位培训手册［M］．北京：人民邮电出版社，2015.

[5] 陈凌．收银员岗位实训［M］．北京：高等教育出版社，2007.

[6] 于家臻．收银实务［M］．2版．北京：高等教育出版社，2009.

[7] 于家臻．收银员基础知识［M］．北京：高等教育出版社，2008.

[8] 杨涛，张猛．超市收银实务［M］．北京：机械工业出版社，2017.